MANUEL PRATIQUE

DES

Procédés Modernes

pour imiter et reproduire

les œuvres plastiques

DES MUSÉES

Par Alfred WOLF

Officier d'Académie

Ancien Professeur à l'Académie Moderne pour l'enseignement
et l'application des Arts

PARIS

56, Boulevard Beaumarchais, 56

❋

1900

Dans la préface de sa *Grammaire des Arts du dessin*, Charles Blanc exprimait le regret de voir notre enseignement public « muet sur les questions d'art », et, avec cette éloquence familière dont il avait le secret, il constatait que la plupart des gens du monde « ignorent absolument les Arts de cette Antiquité dont ils ont appris avec tant de soin la langue disparue et les actions héroïques ».

Cette constatation, Charles Blanc eût pu l'étendre à toutes les époques. Les productions du Moyen-Age, celles de la Renaissance, nos écoles modernes elles-mêmes ne nous sont guère plus familières au point de vue de l'Art que l'Antiquité classique.

Pour combler en partie cette lacune, nous avons cru répondre au désir exprimé par cet auteur distingué en procurant et facilitant aux personnes de goût, avec le concours des moulages, le moyen de reproduire exactement avec leur patine les *fac-simile* d'œuvres d'art des différents musées.

Combien peu d'amateurs ont eu à la fois le loisir et la fortune nécessaires pour visiter ces galeries dont la célébrité les tourmente ? Les musées sont épars, il y a loin du Vatican au British Museum, de Madrid à Saint-Pétersbourg et de l'Ermitage, à ce monument unique, quart de lieue de chefs-d'œuvre qu'on nomme le Louvre, part d'héritage léguée à chaque peuple par le génie des arts à la civilisation. Combien peu même de personnes qui, à défaut de voyages, ont pu grouper tous les catalogues des musées de l'Europe pour se constituer une simple nomenclature des richesses qu'ils renferment ?

En réunissant dans cette brochure une série de documents puisés aux sources les plus autorisées, en signalant les principaux moulages faciles à se procurer et les produits à employer pour leurs transformations dans l'imitation qui leur est propre, nous avons pensé être utile au public d'élite, instinctivement artiste, en le mettant à même d'obtenir personnellement les copies rigoureuses des richesses artistiques qui furent jugées dignes d'appartenir à la tradition du génie humain. Ce sera l'une des merveilles de la statuaire grecque, un bronze antique découvert dans les fouilles teint de cette belle patine verte dont le temps l'a revêtu, un médaillon de notre exquise Renaissance, un vieil ivoire, une statuette retirée du sarcophage d'un Pharaon, ou encore une de ces étranges et si vivantes figurines qu'ont livrées par milliers les nécropoles de Tanagra et celles de la Cyrénaïque, tous d'une ornementation exquise pour les petits meubles d'intérieur.

Sculpture en vieux bois, triptyques d'ivoire, bronzes antiques, florentins et modernes, ornements de vieux fer, d'étain, marbre statuaire, grès d'art, bas-reliefs faïence Della Robbia, etc., seront obtenus avec une exactitude capable de faire confondre la copie avec l'original. On comprendra dès lors le moulage de tous les chefs-d'œuvre se trouvant dans le commerce qu'il sera facile de reconstituer chez soi, tous les sujets que l'on peut avoir la fantaisie de posséder pour orner sa maison et se créer un petit musée; résumé plastique attrayant et utile de l'enseignement des Beaux-Arts.

Quelles ressources pour la décoration de la maison, quel passe-temps agréable, que de délicieux bibelots, égyptiens, persans, grecs, romains, byzantins, chinois, japonais etc., ne reproduira-t-on pas avec la légitime satisfaction d'en être l'auteur ? La charité elle-même pourra y puiser des éléments nouveaux d'un goût exquis et sans valeur appréciable pour l'achalandage du comptoir de chacune de ses dévouées et sympathiques vendeuses.

Cette nouvelle édition est la continuation de notre œuvre de vulgarisation pratique et tangible de la plupart des chefs-d'œuvre de l'antiquité et de nos jours, et une indication probante que nous répondons aux légitimes aspirations du public instruit, passionné du beau. Sans prétention littéraire, dans l'ordre d'un formulaire, notre seul désir est d'intéresser le lecteur pour l'engager à venir augmenter le nombre toujours croissant d'amateurs se livrant aujourd'hui à *l'art des imitations et reproductions des musées*, reconnaissance élogieuse que nous souhaitons retrouver pour cette nouvelle édition de 1900.

A. W.

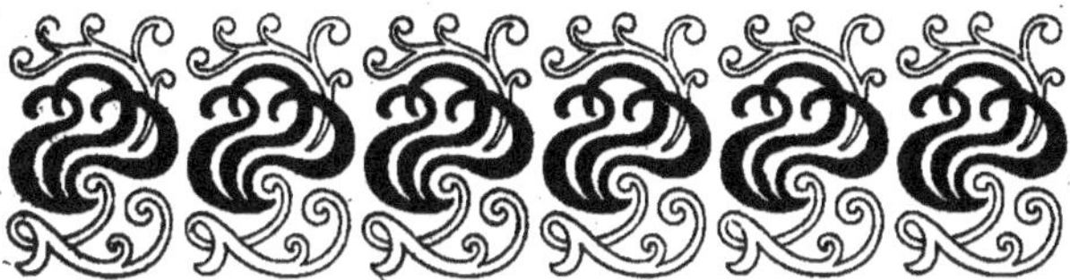

Si, actuellement, la reproduction plastique des œuvres des musées a pris une si grande vogue, cela tient évidemment à deux causes : 1° à la facilité de se procurer, soit aux musées du Louvre, Guimet, des Beaux-Arts ou dans le commerce, le moulage exact de l'œuvre désirée ; 2° à l'intéressante découverte de la *Chrysalide*, qui permet de transformer avec une rapidité étonnante, un moulage de plâtre, en ivoire, vieux bois, terre cuite, bronzes, marbre, grès, etc., ayant une *Chrysalide* adoptée pour chaque genre.

Toutefois ce produit, facile à se procurer dans toutes les bonnes maisons de couleurs fines pour les arts, a besoin d'être appliqué dans un ordre déterminé, bien approprié à chaque genre d'imitation ou reproduction.

Du choix d'un moulage

Pour procéder avec érudition et posséder une reproduction digne de ce nom, il faudra s'assurer l'acquisition du moulage exact de l'œuvre désirée en s'adressant, soit aux ateliers de moulage des musées nationaux, soit aux quelques maisons sérieuses faisant ce commerce, fort rares il est vrai, et rejeter sans hésitation ces plâtras informes tirés par des rustres dans des moules usés et colportés dans les rues, sur les quais et vendus à vils prix. Que l'on soit donc très méticuleux sur le choix, mais, par contre, que l'on ne se trouve pas surpris de son prix, qui pourrait quelquefois paraître élevé, tant un moulage bien fini demande de travail et de retouches faites par des ouvriers connaissant bien l'anatomie.

Néanmoins, il existe beaucoup de personnes artistes qui, pour être certaines de la pureté des lignes, préfèrent se les procurer avec les coutures du moule encore adhérentes au sujet. Ces coutures sont oblitérées avec des ripes spéciales, puis ensuite poncées légèrement avec du papier de verre triple zéro. L'opération est longue et très délicate. Aussi, pour l'amateur, est il préférable de se les procurer tout prêts.

Pour l'amateur désireux d'opérer lui-même la retouche des moulages, nous lui conseillons de se documenter dans *L'Anatomie artistique*, par M. Mathias Duval, membre de l'Académie de médecine, professeur d'anatomie à l'école des Beaux-Arts, 1 vol. in-4º anglais illustré, broché 3 fr. 50.

De l'origine du sujet à reproduire

Le choix du moulage étant chose faite et prêt à recevoir la patine « Chrysalide », il est judicieux de voir l'original et de prendre des notes documentaires, plastiques et polychromiques. Si la visite n'est pas possible, nous conseillons le lecteur de consulter les quelques notes historiques précédant chaque genre d'imitation ou reproduction. Quoique très succinctes, elles lui donneront des renseignements généraux qui, souvent, lui feront découvrir dans son moulage un intérêt insoupçonné. Pour exemple, dans le moulage nº 12, planche II (moitié de diptyque du vıe siècle de l'époque byzantine), il est rappelé que pendant tout le moyen-âge, l'Orient avait les plus célèbres ateliers d'ivoires spécialisant la sculpture des couvertures d'évangéliaires, diptyques, cassettes d'une délicatesse surprenante, comme on peut en juger par le nº 12 spécimen du moulage de l'original en ivoire sculpté (British Muséum).

Ainsi documenté sur l'origine plastique, l'on pourra sans hésitation, sachant bien ce que l'on doit obtenir, choisir le genre de patine « Chrysalide » approprié pour imiter et transformer un moulage de plâtre en la matière de l'original.

Il est tout indiqué que le moulage nº 12, doit être transformé en ivoire avec la « Chrysalide » ivoire, qui lui communiquera la translucidité, le poli et le brun roux des vieux ivoires qui caractérisent leur origine ancienne.

Du choix de la Patine apte à communiquer aux moulages
l'apparence de la matière de l'original

1° Le choix du moulage étant arrêté,
2° L'origine étant connue,
Le choix de la patine devra correspondre à la matière de l'original.

Exemple : si nous avons à traiter le moulage n° 929, Osiris, dieu égyptien (musée du Louvre), original en bronze antique fortement oxydé, métallisation légèrement apparente à quelques saillants, notre choix se portera, dans la patine des bronzes, sur la « Chrysalide » bronze antique, page 41, qui correspond à l'imitation à obtenir.

A ce chapitre nous trouverons très détaillés tous les tours de mains aptes à assurer d'une façon certaine la réussite de cette reproduction ; tout y est prévu et indiqué d'une manière claire et précise.

Que ce soit pour imiter le bois, l'étain, le cuivre, le fer, le marbre, les grès, la faïence, etc., chaque genre comprend un chapitre spécial conçu dans un même ordre d'idées.

L'insuccès est impossible, et chaque nouveau lecteur, s'il essaye, deviendra un amateur et un propagateur fervent de notre œuvre, dont le but est aussi de faire connaître les mille ressources artistiques et instructives pour *décorer sa Maison*.

De la « Chrysalide »

Ce produit, dénommé « Chrysalide » par l'inventeur, d'une utilité inappréciable pour donner instantanément aux moulages en plâtre et matières poreuses l'aspect du bois, de l'ivoire, du bronze, du marbre, de l'étain, du fer, du grès, de la faïence, etc., a contribué à développer dès son apparition le goût des reproductions d'œuvres, petites ou grandes, des musées dans la société distinguée. Les moulages les plus intéressants furent recherchés. L'art ancien et l'art moderne furent mis à contribution. Aujourd'hui, la « Chrysalide » a pris sa place, comme la peinture, l'aquarelle et la pyrogravure, avec l'avantage de la nouvelle venue.

Exclusivement appliquée aux Beaux-Arts, la « Chrysalide » se divise en trois genres principaux ; chaque genre se subdivisant en un certain nombre d'applications différentes.

1º La « Chrysalide » fluide, pour la métallisation.

2º La « Chrysalide » semi-fluide, pour décoration brillante.

3º La « Chrysalide » pâteuse, pour décoration mate, viennoise, et modern style.

Elle sèche instantanément et a l'avantage de ne pas empâter les finesses d'un moulage comme le ferait un produit gras. Plusieurs couches peuvent se .superposer sans altérer les détails.

Toutes les bonnes maisons de couleurs pour les arts ont la « Chrysalide ».

L'ordre de classement observé pour les différents genres d'imitations est celui que nous conseillons de suivre pour arriver insensiblement du plus simple au plus compliqué. Ce conseil n'a rien d'absolu.

PREMIÈRE PARTIE

L'art d'imiter et reproduire en Vieux bois
sculptures en bas-reliefs,
statues, statuettes moulées en plâtre
ou tout autre matière poreuse

Quelques notes historiques sur la sculpture égyptienne d'après *L'Archéologie égyptienne,* par M. Maspéro (1).

Les Egyptiens regardaient l'homme comme un composé bizarre de plusieurs êtres distincts intimement unis, le corps, le double, second exemplaire du corps en une matière moins dense que la matière corporelle, mais aérienne de l'individu la reproduisant trait pour trait, l'âme représentée par l'imagination sous la figure d'un oiseau, puis, après l'âme, le Lumineux, parcelle de flamme détachée du feu divin.

La mort n'était qu'un accident qui faisait passer l'homme de la vie terrestre à la vie sépulcrale, vie

(1) MASPERO, *L'Archéologie égyptienne.* Bibliothèque de l'enseignement des Beaux-Arts, Henri May, éditeur.

2

identique à la première, non pas éternelle, mais limitée au temps de la durée du corps et du double, enfermés dans la tombe tandis que l'âme et le lumineux vont et viennent de la tombe au séjour des dieux. La vraie mort et définitive était la disparition du corps et du double. Il fallait, par tous les moyens, assurer la persistance de ces deux corps ; le corps deviendra momie, et le corps et le double auront des substituts en grand nombre, *statues de bois* et de calcaire, sculptures en modelé à l'image du défunt, dont la dureté incorruptible résistera aux siècles, enfouis secrètement dans les mystérieuses profondeurs des mastabas, et bravera les dévastations des hommes.

L'effort des sculpteurs était surtout de s'astreindre à faire des portraits, puisque le substitut du corps devait être semblable au corps lui-même. Quelques-uns de ces portraits funéraires acquièrent une célébrité égale à bien des œuvres grecques : telle est la statue de *bois* de Râmket, du musée de Boulaq.

Les sculpteurs memphites, obligés d'exprimer exactement les traits de leurs modèles, aussi bien ceux du corps que du visage, furent observateurs et familiarisés avec l'innombrable diversité des mouvements et des attitudes ; de là leur grande habileté dans la représentation en ronde bosse ou en bas-relief des compagnons enfermés dans la tombe avec la momie et les doubles.

Au musée de Boulaq, les statues ou statuettes *de bois* et de calcaire frappent d'étonnement les visiteurs, tant l'idée fausse et courante sur la raideur et l'uniformité de l'art égyptien est bouleversée.

De jour en jour, ce monde souterrain reparaît plus nombreux à la lumière, les mastabas ayant cessé d'être inviolables.

Comme la sculpture égyptienne, la sculpture de style gothique et de l'époque renaissance offre à l'amateur, sans excepter la sculpture japonaise, des ressources inépuisables de sujets dont les moulages en ronde bosse, bas-reliefs, médaillons, statuettes sont tout indiqués pour être imités en vieux bois.

Procédé et application de la « Chrysalide » dans l'imitation de VIEUX BOIS

De ce qui précède, le moulage du sujet étant choisi et les coutures du moule enlevées, s'il y a lieu, au papier de verre triple zéro, le maquiller au préalable pour lui communiquer l'état de vétusté désirable en y pratiquant des gerçures ou crevasses *ad hoc* à l'aide de la lame d'un canif dans l'ordre suivant :

1° Déterminer chaque gerçure par un léger trait marqué avec la pointe de cette lame, puis, sur ces emplacements ainsi repérés, inciser le plâtre dans le sens de ces démarcations de façon à obtenir une rainure assez profonde, évasée à la partie supérieure, plus large et plus creuse au milieu qu'aux extrémités, qui *doivent se terminer à angles aigus*.

2° Imiter les trous de vers en se servant d'un poinçon ou d'une drille.

3° Terminer en imprimant les fibres du bois en

grattant le plâtre sur toute sa surface avec un petit morceau de carde métallique dans le sens des gerçures.

Ne pas craindre de le taillader à bon escient sur les bords et les saillants, pour que l'illusion soit complète.

4° Ce maquillage terminé, plus long à décrire qu'à exécuter, brosser le sujet pour le débarrasser de la poussière produite par tout ce travail et commencer l'application de la « Chrysalide » en procédant de la sorte :

MODE D'EMPLOI

Verser de la « Chrysalide » bois foncé dans un petit vase et en badigeonner complètement, par tamponnement, le sujet à l'aide d'un pinceau ferme.

(Le plâtre absorbant inégalement, cette propriété reproduira les différentes tonalités que l'on rencontre dans les vieux bois.)

Laisser sécher un quart d'heure, puis appliquer au pinceau ferme une couche générale d'encaustique. Quinze minutes après cette application, brosser légèrement avec une brosse douce et finir en frottant avec un linge. Pour achever la vraisemblance et communiquer à cette imitation la patine du temps, saupoudrer le sujet de poudre vieux bois.

Brosser pour enlever l'excès de poudre, en ayant soin d'appuyer sur la brosse afin d'écraser et de fixer cette poussière dans les interstices.

Imitation de **BOIS MODERNES**
clairs ou foncés

Dans ces imitations, le procédé d'application reste le même que pour le vieux bois, moins les trous de vers et gerçures.

Il est toujours bon de marquer légèrement les fibres du bois de place en place avec une plume métallique ou la lame d'un canif.

Si l'on désirait du bois clair, se servir de la « Chrysalide » bois clair.

Nota. — Par le mélange du bois clair et foncé, on obtient d'autres tons de bois.

Indication de quelques Moulages choisis
aptes à être transformés en vieux bois ou bois moderne
et faciles à se procurer

		Planches
10	Ange gothique (statuette).	I
103	Bacchante, bas-relief Saladin (moderne).	I
115	Boudha, statuette (japonais).	I
200	Console mascaron (moderne)	
203	Console, personnage gothique.	
214	Christ Delagrange, Buste.	V
204	Console petite Louis XV.	

 243 Console Hercule, moderne.   V
 300 Dante.   I
 670 Jésus et saint Jean, bas-relief Donatello .
 836 Momies sans hiéroglyphes (Egyptien) . .
 845 Momies avec hiéroglyphes (Egyptien). .
 841 Moines de Dijon, statuettes. V
 848 Miserere, buste, Delagrange (moderne) . . I
 866 Niche gothique   I
 990 Porte-allumette, le Bailleur, moderne. . VI
 990 Porte-allumette, le Rieur, moderne. . . . VI
1011 Porte-pipes, 7 péchés capitaux. . . . . .
1012 Panneaux gothiques, Christ et Vierge. .   I
1015 Panneaux gothiques, 12 apôtres.   I
1190 Sainte Cécile, Donatello, bas-relief. . . I
1191 Sarcophage gothique.   V
1192 Sarcophage avec hiéroglyphes. V
1202 Saint Jean, Donatello, bas-relief. V
1207 Saint Jean et l'Enfant-Jésus . . . .
1208 Scènes d'avares, bas-relief . . . .
1211 Saint Antoine de Padoue.   I
1284 Tête de vieux, Schmit, buste (moderne). . I
1323 Vierge à la colonne.   V
1333 Vierge de Nuremberg, petit buste. . . .   V
1345 Vierge de Cluny, statuette (gothique). .   V
1354 Vierge gothique, statuette. . . . .
1357 Vierge de Boticelli, bas relief. . . . . .

PLANCHE I

DES IVOIRES ANCIENS

Transformation des Moulages de diptyques,
triptyques, cassettes, couvertures
d'évangéliaires, statuettes, en imitation d'ivoire

Quelques notes historiques d'après *L'Art byzantin*, par M. Bayet (1).

Ivoires byzantins

Le luxe dont la passion domina la société byzantine se manifesta sous les formes les plus diverses et favorisa les progrès des arts industriels.

Pendant tout le moyen-âge, l'Orient eut des ateliers d'ivoires célèbres dont la spécialité surtout était de sculpter des couvertures d'évangéliaires, des diptyques et des cassettes.

Principalement l'ivoirerie religieuse se distin-

(1) M. BAYET, *L'Art byzantin*. Bibliothèque de l'enseignement des Beaux-Arts, Henri May, éditeur.

gua par des qualités d'élégance et de délicatesse vraiment remarquables.

L'on peut citer une moitié de diptyque représentant un ange debout, d'un travail soigné, une des plus belles œuvres du vi^e siècle (planche II, moulage n° 12).

Celui (planche II, moulage n° 231) conservé à Paris au cabinet des médailles, du xie siècle.

Le Christ couronnant l'empereur romain Diogène (1068-1070) et l'impératrice Eudoxie.

L'art byzantin est original, et en sachant s'approprier les éléments d'autres peuples et d'autres temps, tout en y ajoutant ses traits personnels, constitua au xie siècle, par la réunion d'éléments antiques orientaux et chrétiens, l'art grec du moyen-âge.

Les Byzantins ont souvent adopté les modèles de l'Orient et de l'Exrême-Orient. On retrouve constamment chez eux ces animaux fantastiques, ces fleurs bizarres et ces entrelacs compliqués (planche II, moulage n° 215, cassette en ivoire).

A l'époque des croisades, Orientaux et Occidentaux collaborèrent, et cette collaboration des Grecs et des Latins se retrouve sur quelques œuvres. Un exemple : elle est apparente sur un ivoire (planche II, moulage n° 237), exécuté en Palestine pour la princesse Mélisende ; les draperies y sont tantôt latines, tantôt grecques, les deux styles y fusionnent.

Ivoires gothiques

Au moyen-âge, l'histoire de la sculpture est la même que celle de l'architecture ; tous les arts sont solidaires au XIIIe siècle ; la statuaire est à son apogée, pour commencer la décadence au début du siècle suivant. Il est à remarquer que cette décadence, sensible pour la sculpture monumentale, n'est pas aussi vivement ressentie dans la sculpture intime, c'est-à-dire l'imagerie. Au XIIIe et XIVe siècles les sculpteurs étaient des imagiers, désignation que l'on donnait à la fin du XIVe siècle et pendant le XVe aux tailleurs d'images en bois, en ivoire, etc. Dans ces ateliers, l'art s'était maintenu grâce aux maîtrises, dont les règles, sévèrement protectrices, ont maintenu les arts décoratifs français à un haut degré de perfection.

Les images en ivoire que nous indiquons planche II, moulages n°s 223 et 1277, prouvent combien les traditions s'étaient conservées dans cette corporation ; leurs œuvres sont composées avec une adresse pleine de finesse et d'un goût parfait ; elles font encore l'admiration des artistes modernes.

L'ivoire sculpté chinois

Les Chinois, amateurs passionnés des aspects différents de la matière, indépendamment du travail artistique, ont de tous temps apprécié l'ivoire, séduits par cette substance aux transparences laiteuses ou légèrement jaunâtres. Ils savaient le travailler de façon à en faire valoir le grain, le poli et les veines, pour donner en quelque sorte à l'épiderme un éclat harmonieux d'une extrême douceur. Les ivoiriers des xve et xvie siècles en Europe et ceux du xviiie au Japon, sont les seuls qui soient arrivés à une semblable facture. Les ivoires chinois expriment un travail hardi, ferme, énergique, une ciselure sûre, incisive, fouillée, avec des saillants brefs et des faces nombreuses où la lumière se joue d'une façon délicieuse.

Les ivoires chinois de valeur sont extrêmement rares. Les statuettes boudhiques sont de celles qui nous offrent les spécimens les plus intéressants (planche II, moulage n° 115).

Ivoires japonais (1) — Les Netzkès

Les netzkès étaient de petites breloques qui, fixées à un cordonnet de soie, servaient à maintenir à la ceinture la boîte à médecine, l'étui à pipe, la blague à tabac. D'un goût inventif plein de fantaisie, les objets d'art japonais importés en Europe après la Révolution de 1868 conquirent la faveur du public, et les netzkès japonais devenaient célèbres parmi nous.

Les netzkès en ivoire ont toujours été inférieures

(1) L. Gonse, *L'Art japonais*. Bibliothèque de l'enseignement des Beaux-Arts, Henri May, éditeur.

comme exécution à ceux de bois, et leur ont été postérieures.

Les plus humbles motifs ont inspiré le sculpteur de netzkès : les dieux, les philosophes, scènes de l'histoire, la fleur, la plante, l'oiseau, l'insecte, le reptile, tout l'intéresse pour enfanter une composition neuve et pleine de verve.

Les ivoiriers japonais employaient le plus bel ivoire, cet ivoire d'une transparence laiteuse qui, avec le temps, prend cette belle patine douce jaune.

La caractéristique des bons ivoires anciens, indépendamment du charme de leur exécution, est d'être d'une belle couleur d'ivoire jauni par le temps et usés légèrement aux saillies par le frottement.

Procédé et application de la « Chrysalide » dans les imitations d'IVOIRES

Le moulage choisi.pour cette imitation doit être moulé en *plàtre d'albàtre* (condition absolue pour réussir) et bien approprié à ce genre de reproduction pour éviter le commun et laisser ce barbarisme au mercantilisme journalier de quelques grands magasins débitant de grossières applications, suant l'ãniline et la bougie, puis procéder à l'application de la « Chrysalide » ivoire de la façon suivante :

MODE D'EMPLOI

Faire fondre à feu doux de la « Chrysalide » ivoirine dans un récipient émaillé ou terrine vernissée, puis l'appliquer très chaude à l'aide d'un pinceau ferme et bien propre sur le sujet en plâtre auquel on veut communiquer l'apparence de l'ivoire. Le frotter encore tiède, rapidement et légèrement, avec un linge doux, pour obtenir le poli de l'ivoire.

Au préalable, l'objet aura dû être débarassé avec un linge de la poussière qui aurait pu le souiller (de cette précaution dépend la réussite) et chauffé dans un four ou au-dessus d'une source de chaleur quelconque (bec de gaz, lampe, fourneau, etc.), pour qu'il soit chaud au moment de l'application.

Si toutefois apparaissaient des aspérités ou petites bosses d'ivoirine, avant de la frotter, il suffirait de maintenir la pièce décorée pendant quelques secondes au-dessus du feu, et aussitôt l'absorption s'opérerait, entraînant avec elle la disparition de ces défectuosités.

Ivoire ancien

Pour en obtenir cette belle patine d'ivoire jauni par le temps, se servir d'une solution de bitume de Judée dissous dans de l'essence de térébenthine, en procédant de la façon suivante : sur l'objet refroidi, ivoiré et bien frotté, comme il est dit plus haut, appliquer avec un pinceau doux une couche générale de cette solution, et avant qu'elle soit complètement sèche, l'essuyer avec un linge imprégné d'essence de térébenthine. A ce moment les fonds resteront salis et les saillants apparaîtront plus clairs. — Puis dans ces fonds saupoudrer de poudre vieux bois et frotter de suite avec un linge en toile, en insistant sur les reliefs pour donner l'illusion de l'usure aux saillies par le frottément.

Les fentes légèrement onduleuses observées sur la plupart des vieux ivoires, s'obtiennent en incisant le moulage de plâtre avec la lame d'un canif, avant l'application de « Chrysalide » ivoirine.

En principe, il est préférable et plus artistique de s'appliquer à exécuter les reproductions d'ancien, le moderne l'étant suffisamment avec le celluloïd.

NOTA. — Si l'on désirait avoir des ivoires de teintes plus foncées, il suffirait de laisser l'ivoirine chauffer plus longtemps.

En se reportant aux quelques notes historiques sur les ivoires d'origines différentes et en en retenant bien les principaux caractères, il sera facile à l'amateur d'obtenir une copie exacte d'un de ces chefs-d'œuvre et reconstituer chez lui quelques spécimens du travail des ivoiriers célèbres.

Indication de quelques Moulages choisis aptes à être transformés en vieil ivoire et faciles à se procurer en spécifiant moulés en plâtre d'albâtre

Planches.

12 Ange debout, byzantin, moitié de diptyque vi° siècle (British Museum) II
105 Batailles d'Arbelles (bas-relief) II

108 Baiser de Houdon (statuette)................. I
115 Boudha (statuette)...................... I
133 Bas-reliefs (Clodion)................... II
136 Bas-reliefs du Parthénon (petite réduction).
209 Christ Bouchardon..................... II
214 Christ Delagrange (réduction) buste... V
215 Coffret byzantin....................... II
217 Christ protestant......................
223 Descente de croix, bas-relief gothique... II
231 Christ byzantin (moitié de diptyque)
      xi° siècle, Cabinet des Médailles... II
232 Christ Byzantin........................ II
237 Ivoire de Mélisende (British Museum)... II
240 Choppe bachique de Clodion (collection
      Thiers, du Louvre)..................
241 Croix de berceau.......................
300 Dante (buste petit modèle).............. I
379 Ecusson, amours Louis XV............... II
450 Plaquette, Vénus aux castagnettes......
450 Plaquette, Vénus au tambourin..........
665 Jeanne d'Arc (petite statuette)........ II
840 Les Mages, petit bas-relief............ II
869 Les Nymphes   —
1021 La Présentation   —
1131 La Résurection   —
1190 Sainte Cécile   —   I
1192 Sarcophage avec hiéroglypes............ V
1196 Sainte Cène, petit bas-relief.......... II
1202 Saint Jean,   —   Donatello. V
1211 Saint Antoine de Padoue, statuette..... I
1215 Scènes villageoises....................
1260 Trois Grâces de Canova................. II
1267 Triptyques, Bataille de Rocroy......... II
1277   —   Vie de N. S. Jésus-Christ. II
1279   —   (gothiques)...............
1323 Vierge à la colonne.................... V
1329 Vase, bacchanale, Clodion.............. II
1333 Vierge de Nuremberg (petit buste)...... V
1342 Vase gothique......................... II
1343   —   II
1352 Vase Clodion.......................... II
1360 Vierge gothique à l'Enfant-Jésus (statuette)

PLANCHE II

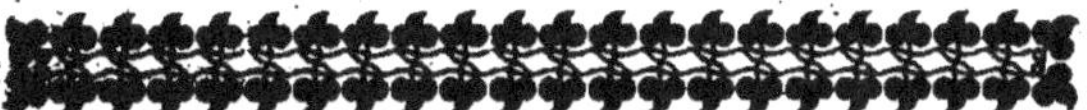

Patines des Bronzes

Des Bronzes antiques
Leur imitation sur les Moulages de plâtre

Quelques notes historiques d'après *L'Archéologie étrusque et romaine*, par L. Martha :

L'époque où les Romains commencèrent à pratiquer l'industrie du bronze n'est pas précise, mais il est de toute probabilité qu'elle leur fut enseignée par les Etrusques et par les Grecs. Les textes en signalent dès le ve siècle avant notre ère à Rome. Au IIIe siècle, l'emploi de ce métal se généralise ; à l'époque impériale, empereurs, impératrices, favoris et tous les puissants du jour sont coulés en bronze pour être refondus au moment de leur chute.

Considérons ici les petits bronzes et les bronzes industriels, statuettes, ornements, instruments, objets d'usage journalier, bronzes d'étagère. La variété en est infinie. Les collections de Naples sont admirables, uniques au monde et constamment renouvelées par les découvertes de Pompéi. Les bronzes de la belle époque greco-romaine, 1er siècle avant-J.-C., se repartissent de la façon suivante : 1º statuettes ; 2º ustensiles.

1º *Statuettes.* — Elles reproduisaient des images mythologiques consacrées aux ornements des petites chapelles domestiques, et les images traditionnelles des divinités, réductions plus ou moins exactes des statues adorées dans les sanctuaires publics. L'ensemble de ces figurines était d'un style lourd, de facture médiocre, assez souvent presque informe.

La plupart des statuettes de prix avaient les yeux incrustés d'argent.

La série des statuettes de genre aussi importante comprenait les scènes empruntées à la vie familière, de sujets mythologiques exécutés avec fantaisie, Silènes ivres, Bacchants et Bacchantes, Faunes dansants, Nymphes, Amours et autres motifs de même genre d'une valeur décorative propre à distraire le regard par une attitude gracieuse ou plus ou moins comique. Le musée de Naples en possède une collection curieuse qui provient d'Herculanum et de Pompéi ; beaucoup de ces figurines font corps avec quelque ustensile dont elles relèvent la banalité. Exemple : Silène debout s'arcboutant et se cambrant avec effort pour porter au-dessus de sa tête un cercle de bronze destiné à recevoir et maintenir la panse arrondie d'un vase (planche IV, moulage nº 1221).

Les autres figurines de genre garnissaient les

jardins et péristyles. La plupart étaient utilisées à l'ornementation des fontaines.

2° Ustensiles. — Depuis les plus ordinaires jusqu'aux plus raffinés, un volume ne suffirait pas à leur description : pieds de meubles décorés de figures, plaques ciselées, garnitures d'essieu, chaudrons, vases petits et grands, aiguières, candélabres, lampes, miroirs, cassettes, épingles à cheveux, chaînettes, bracelets, fragments détachés et dépareillés parmi lesquels se trouve plus d'un morceau intéressant qui souvent dans les musées ne retient pas le visiteur, plus attiré vers les jolies statuettes, comme le fait observer si judicieusement M. Jules Martha dans son *Manuel d'archéologie étrusque et romaine*, engageant ses lecteurs qui iront au Louvre ou au musée de Naples à ne pas se laisser aller à cette indifférence ; avec les petits bronzes dit-il, nous pénétrons dans l'intimité des anciens qui, tout comme nous, ont été aux prises avec les mille difficultés de l'existence matérielle ; nous les surprenons chez eux, à leur table de famille, au milieu de leur confortable domestique.

En Egypte, la statuaire employa de bonne heure le bronze. Les plus importantes pièces appartiennent à la xxiie dynastie. Par contre, des milliers d'Osiris, d'Isis, de Nephthys, d'Hor, de Nofritoum, retirés du sable et des décombres dans toutes les villes du Delta, sont des objets de commerce, fabriqués pendant des siècles sur les mêmes modèles et dans les mêmes moules pour l'édification des fidèles. A part quelques-uns, se recommandant par la perfection de la fonte et la délicatesse du travail, char-

mants morceaux de vitrine (planche III, moulages
nᵒˢ 930, 929, 664, 931, 933, 314), tous sont vulgaires
et sans originalité.

Il est à remarquer la prédilection des sculpteurs
égyptiens pour les attitudes graves et reposées,
pour les gestes sans violence qu'imposent souvent
d'ailleurs la fragilité de la matière et l'insuffisance
des outils ; les hommes, debout le plus souvent, ont
les bras pendants le long du corps et la jambe
gauche portée en avant ; les hommes assis ont les
pieds réunis devant leur siège, les coudes collés à
la taille, les mains posées sur les genoux. Assise
ou debout, la statue est d'ordinaire engagée par
derrière dans une masse en forme de bloc ou
stèle.

La patine caractéristique polychromique de
tous ces bronzes est une couleur oxyde de cuivre
d'un vert anglais, avec taches bleutées d'oxyde naturel, corrodée d'incrustations blanchâtres et brunes
produites par les dépôts calcaires et terreux. Les
saillants souvent sont légèrement décapés par le
frottement et laissent apparaître le métal natif.

Ces notes historiques étant des extraits très
sommaires à titre de premiers documents et en
conformité du caractère spécial de cette brochure,
nos lecteurs pourront les compléter dans *L'Archéologie égyptienne*, de G. Maspéro, et le *Manuel
d'archéologie étrusque et romaine*, par Jules
Martha. (Bibliothèque de l'enseignement des
Beaux-Arts, Henri May, éditeur.)

**Procédé et application de la « Chrysalide »
dans l'imitation
de Bronze antique sur les moulages
en plâtre**

1° Employer la « *Chrysalide* » *vert foncé* et l'appliquer au pinceau par tamponnements sur le moulage.

2° Immédiatement après cette première application, et sans attendre qu'elle soit séchée, lui donner une couche générale de « *Chrysalide* » *oxyde* également avec un pinceau ferme et de la même façon, en ayant soin d'en déposer plus dans les creux que sur les surfaces. *(Il est bien recommandé d'agiter fortement la bouteille d'oxyde avant de s'en servir.)*

3° Le sujet une fois bien sec doit être encaustiqué avec un pinceau, ou, de préférence, avec le bout du doigt chargé de ce produit ;

4° Laisser sécher pendant une heure, puis frotter légèrement avec un linge doux.

(Dans cette imitation, ce bronze demande plus de dépôts oxydés que de métallisations apparentes ; les saillants seuls doivent légèrement briller.)

5º Pour obtenir cette belle patine aux verts chatoyants, par dessus l'objet bien oxydé, fixer de la poudre verte avec un pinceau très légèrement imprégné de mixtion ; appliquer également à deux ou trois endroits différents et de la même façon un peu de poudre de vieux bois, qui donnera l'illusion de dépôts terreux et calcaires. Remettre légèrement de l'encaustique aux saillants et y passer l'extrémité du doigt trempé dans la poudre de cuivre rouge pour obtenir l'apparence de l'usure due au frottement.

*Indication de quelques Moulages choisis
faciles à se procurer
et aptes à être transformés en bronze antique*

		Planches.
675	Isis.	III
461	Faune dansant de Naples (réduction) . . .	III
664	Isis (petite statuette égyptienne)	III
767	Lampe antique	III
836	Momies égyptiennes	
839	Memnon (petite statuette égyptienne) . . .	V
845	Momies avec hérioglyphes (égyptienne) .	III
846	— — — —	III
847	Osiris assis (petite statuette égyptienne) . .	III
1203	Sarcophages de Thèbes	III
930	Osiris et Isis (statuette égyptienne) . . .	III
931	Osiris debout — —	III
933	Osiris debout — —	III
314	Déesse Sekhet — —	III
370	Egyptien — —	III
1221	Silène de Pompéi	IV
1195	Sphinx	III
1282	Antique (musée du Louvre)	III
1325	Statuette de Pompéi	III

— Les imitations de bronzes que nous allons indiquer, n'ayant pas un caractère aussi spécial que les
précédents, se dispensent de notes historiques préliminaires. Le titre seul indiquera suffisamment ce
que l'on devra obtenir.

Imitation de Bronze vert oxydé

Cette imitation peut être reproduite indifférem-
ment sur des moulages d'œuvres anciennes et modernes d'un caractère sérieux.

Le bronze vert oxydé se distingue par une patine
vert foncé presque noir diminuant d'intensité et se
jaunissant en approchant des saillants. Les creux
accusent de l'oxyde et tout l'ensemble présente un
poli et brillant éclatant.

MODE D'EMPLOI

Même procédé que pour le bronze antique,
avec cette différence que dès que le sujet vient
d'être mis à l'encaustique, l'on métallise
sobrement les saillants ou hauteurs en y passant le doigt humecté d'encaustique et trempé
très légèrement dans de la poudre d'or jaune.

S'il arrivait parfois de trop mettre de cette
poudre à certains endroits, en atténuer l'effet
criard avec de l'encaustique appliqué par
dessus et frotter en tous sens.

Indépendamment des saillants sur les parties planes, faire sentir le métal en y passant, en frottant, l'extrémité du doigt chargé d'un soupçon de poudre d'or.

En principe, il faut être sobre de poudre d'or pour éviter de tomber dans le commun.

Le sujet étant sec, le frotter avec un linge doux pour obtenir le poli du bronze (*ce genre demande beaucoup de lustre*).

Bien que ces imitations puissent être frottées un quart d'heure après l'application, *il est préférable,* quand on le peut, d'attendre *une bonne heure* avant de le faire.

Bronze vert foncé

Se servir du flacon « Chrysalide » bronze vert foncé de la même façon que pour les bronzes précédents, moins l'oxyde, qui devra absolument être supprimé pour ce genre, et toucher légèrement les saillants avec un pinceau imbibé très sobrement de « Chrysalide » bronze moderne.

Par contre, le poli et le brillant ne devront le céder en rien à la réalité.

Pour ce résultat, après l'application du bronze vert foncé, rehaussé légèrement de bronze moderne bien séché, appliquer une légère couche d'encaustique, attendre vingt minutes et passer sur toute la statuette une mince couche de vernis conservateur. Quelques instants après, frotter légèrement avec une étoffe de laine passée sur un morceau de cire jaune, jusqu'à l'obtention de l'éclat désiré.

Quelques Moulages aptes à être transformés en bronze vert oxydé et bronze vert foncé

		Planches.
1	Ariane et Bacchus (statuette)	
6	Aiguière Benvenuto Cellini	V
110	Baiser de Houdon (statuette)	
114	Bacchante Clodion (petit buste)	
147	— — —	
235	Couronnement du Faune (bas-relief)	
302	Diane de Gabie (statuette)	
308	Le Dante (buste)	I
1214	La Surprise —	
598	Hebé (statuette)	V
665	Jeanne d'Arc (médaillon)	V
864	Napoléon, par Chaudet (buste)	VIII
992	Porteuse de reliques (statuette)	V
1372	Vénus de Médicis (statue)	
875	Narcisse de Pompéi —	
461	Faune dansant de Naples (statue)	III
851	Minerve de Turin —	
1373	Victoire de Pompéi —	
1374	Vénus accroupie —	
1376	Vénus à la pomme —	
838	Mercure de Pigalle —	
160	Bacchanale d'enfant —	
545	Groupe Satyre Clodion —	
546	Gladiateur mourant —	
453	Faune cymbalier —	
447	Frileuse de Houdon —	

Bronzes composés

Comme les précédents, ces bronzes se dispensent d'exposé historique. Nos grands fondeurs offrent suffisamment à nos regards la multiplicité et la richesse des patines polychromiques dont leurs œuvres sont revêtues.

Bronze Barbedienne

MODE D'EMPOI

Le bronze Barbedienne s'obtient par la superposition de la « Chrysalide » bronze médaille sur la « Chrysalide » bronze vert foncé.

1º Donner une couche générale de bronze vert foncé et laisser sécher un quart d'heure.

2º A l'aide d'un pinceau ferme, aller prendre au fond du flacon bronze médaille (ce flacon ne devant pas être secoué) la pâte ou patine, exprimer le pinceau au bord du flacon ou godet, et, de plus, le passer à plusieurs reprises sur un linge de façon à lui laisser si peu de patine que ce pinceau ne puisse à peine teinter du papier blanc ; à ce moment, badigeonner le sujet dans tous les sens en insis-

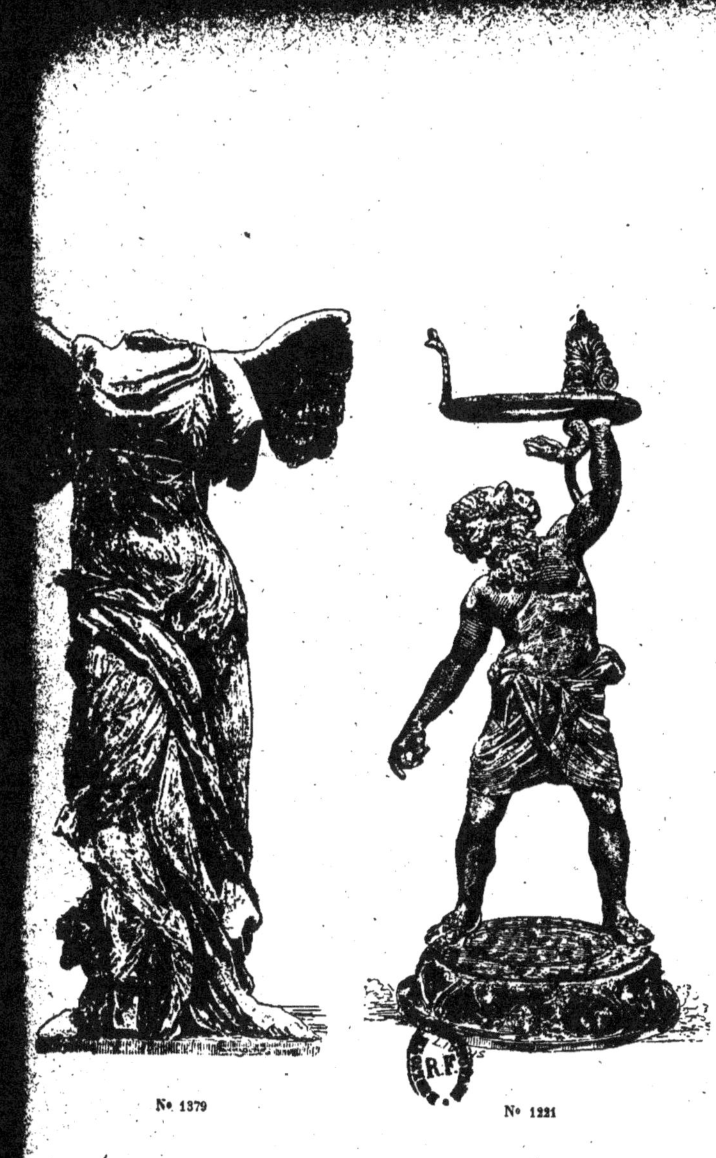

PLANCHE IV

tant de préférence sur les saillants de façon
que les creux ne soient pas atteints ou peu ;
recharger son pinceau et renouveler l'opération ci-dessus autant de fois qu'on le jugera
nécessaire pour obtenir le contraste du ton
foncé des fonds et de la note de plus en plus
claire, suivant que les saillants auront été
plus ou moins touchés par le pinceau. L'effet
est alors extrêmement artistique et vous
dédommage de la peine donnée.

Bronze ciré, Bronze florentin, Bronze caillou

Ces différents bronzes s'obtiennent :

1º En donnant une couche de fond, bronze
vert foncé ;

2º Une couche de bronze *ad hoc* en procédant comme il est indiqué au bronze Barbedienne, en remplaçant toutefois le bronze médaille par un de ceux que l'on veut obtenir.

Bronze ancien

Première opération. — Une couche de
bronze vert foncé. Laisser sécher un quart
d'heure.

Deuxième opération. — Très légère couche de bronze moderne (flacon bien agité).

Troisième opération. — Encaustiquer.

Quatrième opération. — Légère couche de vernis conservateur.

Bronze moderne

Première opération. — Une couche d'enduit pour bronze moderne.

Deuxième opération. — Appliquer le bronze moderne comme il est indiqué d'appliquer le bronze médaille dans le bronze Barbedienne.

Troisième opération. — Encaustiquer et métalliser les saillants avec du bronze vert mat.

Bronze Barye

Première opération. — Une couche de bronze vert foncé. Laisser sécher un quart d'heure. -

Deuxième opération. — Appliquer de l'oxyde Barye comme il est indiqué d'appliquer l'oxyde dans le bronze vert antique.

Troisième opération. — Encaustiquer avec de l'encaustique dans lequel on aura mélangé un peu de noir de fumée.

Bronzes polychromes

Ce genre de patine convient spécialement aux ouvrages d'œuvres modernes et n'est que l'application sur un même sujet des différentes patines énumérées précédemment.

Comme exemple : prenons le moulage (planche VI, moulage n° 667), petit buste de fillette, avec draperie sur les épaules, cheveux abondants, chapeau Empire et socle.

MODE D'EMPLOI

Première opération. — Couche générale de bronze vert foncé.

Deuxième opération. — Application de bronze ciré sur les chairs (figure, poitrine).

Troisième opération. — Application de bronze caillou sur les draperies.

Quatrième opération. — Application de bronze d'art sur les cheveux.

Cinquième opération. — Application de bronze moderne sur le chapeau

Sixième opération. — Application de bronze florentin sur le socle.

Septième opération. — Encaustiquer et frotter une fois sec.

Il est entendu que cet ordre de bronze peut être interverti et varié à l'infini en opérant des mélanges et des superpositions.

Quelques Moulages aptes à être transformés soit en bronze Barbedienne, ciré, florentin, caillou moderne, Barye, polychrome.

		Planches.
2	Après le bal, hors texte	I
201	Chanteur vénitien	
205	Cyrano	V
222	Cléopâtre	
440	Femme au coquillage	VI
442	Femme couchée, hors texte	I
671	Judith (statuette)	VI
765	Loïe Fuller	VI
768	Louis XVI, petit buste	
830	Marie-Antoinette, petit buste	VIII
831	Marquisette (buste), hors texte	I
834	Masque de jeune femme	VI
1003	Bas-reliefs Jean Goujon	
1124	Regrets, statuette, hors texte	I
1128	Madame Récamier	
1417	Yvette, buste	
469	Femme Empire, buste, hors texte	I
433	Femme Empire, statuette	
208	Cache-pot bébé	
473	Femme aux iris, petit buste, hors texte	I
854	Mignon — —	I
472	Frileuse — —	I
466	Femme connue, xixe siècle	VI
667	Ingénue, petit buste, hors texte	I

PLANCHE V

Des étains d'art — Leur imitation

S'il est un métal dont nos grands ciseleurs fondeurs ont atteint le maximum de production artistique, c'est bien l'étain ; leur incomparable habileté leur a assuré une vogue bien méritée.

Aussi le champ des imitations dans ce genre de patine présente-t-il une vaste étendue à utiliser pour la reproduction d'une quantité de sujets moulés spécialement pour être transformés en étain dont l'effet décoratif est délicieux pour l'ornementation des petits meubles.

Que ce soit pour des œuvres modernes ou anciennes, le procédé reste le même, sauf pour les vieux étains, où la patine doit être plus vieillie.

MODE D'EMPLOI

Les imitations d'étain, pour avoir un cachet artistique, ne doivent être faites que sur des moulages bien appropriés à ce genre de reproduction.

EXÉCUTION

1° Sur le sujet choisi, donner une couche générale de « Chrysalide » vieil étain, laisser sécher un quart d'heure ;

2° A l'aide d'un pinceau doux, modérément imprégné de mixtion et trempé dans de l'étain en poudre, fixer cette poudre par dessus la couche de « Chrysalide » vieil étain, en insistant de préférence sur les saillants, les creux devant rester à peine touchés ; un quart d'heure après, passer un peu d'encaustique sur tout le sujet.

3° Une demi-heure après cette deuxième opération, avec le doigt trempé à sec dans la poudre d'étain, frotter les hauteurs ou saillants pour obtenir les reliefs polis des étains véritables. Finir de frotter avec une peau ou un linge doux.

4° Opération complémentaire sans être obligatoire :

Pour plus de perfection, frotter légèrement les arêtes les plus vives avec une pierre d'agathe recourbée.

Vieil argent

Même procédé que pour les vieux étains, en remplaçant seulement la poudre d'étain par la poudre d'argent.

Quelques Moulages aptes à être transformés en étain

Planches.
152 Coffret enfant jouant avec un chien (modern style). VI
371 La Vague. . . . .

PLANCHE VI

372 Suzanne au bain. . . . .　VI
443 Femme à l'Iris, bougeoir modern style,
　　　hors texte . . . .　II
444 Femme à la tulipe, bougeoir modern style,
　　　hors texte . . . . . . / . . . .　II
151 Feuille morte, bougeoir modern style,
　　　hors texte . . . .　VI
467 Jeune adolescent, bougeoir modern style,
　　　hors texte . . . .　II
765 Loïe Fuller . . . .　VI
990 Porte-allumettes Jockey. . . . .　V
991　　　—　　Rieur. . . . .　V
1002 Pavot Saladin. . . . .　VI
1025 Porte-fleurs modern style. . . . .　VI
1004 Porte-cartes　—　—　. . . . . . .　VI
1326 Veilleuse tentation . . . .　VI
1332 Vase libellule, hors texte . . . .　II
1366 Vase modern style. . . . .　VI
1367 Vide-poche grotesque. . . . .　VI
1368 Vase à bec modern style, hors texte . . .　II
1370 Vase modern ancien, hors texte. . . . .　II
384 Encrier, La Pensée, hors texte . . . . .　Il
244 Cache-pot, Femme au lys, hors texte . .　II
1026 Porte-photographie modern style, hors
　　　texte. . . . .　II

Des vieux fers — Leur imitation

Les armes anciennes sont désignées tout spécialement pour ce genre d'imitation (1).

Les partisans de l'antériorité du fer sur le cuivre ont mis en avant comme argument principal, que le premier de ces métaux était trop facilement atta-

(1) G.-R. MAURICE MAINDRON, *Les Armes*. Bibliothèque de l'enseignement des Beaux-Arts. Henri May, éditeur.

quable par la rouille pour avoir pu se conserver aussi longtemps que le cuivre ou ses alliages. Les armes de fer seraient antérieures à celles de bronze ; les prescriptions religieuses seules en auraient interdit l'emploi dans certaines régions. On ne connait point d'armes de fer, il est vrai, d'une date aussi ancienne que les celts et les épées de bronze ; mais si elles avaient pu résister à l'action du temps, on les trouverait dans les mêmes endroits. Théorie détruite, du reste, le jour où l'on découvrit en Autriche, le cimetière ancien de Hallstadt. Plus d'un millier de tombes furent explorées ; quantité immense d'objets fut recueillie. Armes de bronze et armes de fer se trouvaient en égales proportions. Les premières, sans doute plus endommagées que les secondes, sont encore dans un état de conservation suffisant pour faciliter la restitution de l'ornement du guerrier de l'époque où les Gaulois s'établirent dans la vallée du Danube et jusque dans notre pays.

En cette période dite Gauloise, le fer s'associe au bronze sans encore le supplanter ; ce n'est que difficilement que la race envahie semble avoir renoncé au premier métal connu d'elle, tandis qu'elle dédaignait le dernier venu, arrivant sans doute d'Asie. Et cependant presque ensemble ces deux métaux apparaissent en notre pays.

Les Egyptiens et les peuples asiatiques avaient banni le fer des enceintes sacrées. Le bronze seul était le métal sacré employé dans les cérémonies religieuses.

Le moyen-âge, le xve siècle, la Renaissance, le

xvɪᵉ, le xvɪɪᵉ et le xvɪɪɪᵉ siècles offrent une infinie variété d'armes, casques, cuirasses, boucliers, épées, hallebardes, etc., spéciales à chaque époque.

Il reste bien évident qu'indépendemment des reproductions d'armes, bon nombre d'autres objets présentant un caractère artisque (marteaux de portes, serrures, gonds, clefs, coffrets, plaques, etc.), peuvent être reproduits et imités en vieux fer.

De la Patine

L'aspect de la patine est communément d'un fond noir d'acier bruni, aux rehauts éclairés par des transpercements argentés du métal natif. Les creux principalement et quelques surfaces planes accusent des dépôts et taches d'oxydation ou rouille d'un jaune rougeâtre. Sauf les pièces demandant une très grande apparence d'oxydation, un lustre assez vif doit éclairer les parties noirâtres des vieux fers plus récents et mieux entretenus.

PROCÉDÉ ET MODE D'EMPLOI

Pour obtenir l'imitation du vieux fer :

1º Sur le moulage choisi (boucliers, casques, gantelets, etc.), appliquer au pinceau ferme, une couche générale de « Chrysalide » ferreuse, puis laisser sécher un quart d'heure.

2° A l'aide d'un pinceau doux, modérément imprégné de mixtion mixte et trempé dans de la poudre de fer, fixer cette poudre par dessus la couche de « Chrysalide » ferreuse en insistant de préférence sur les saillants, les creux devant à peine être touchés.

3° Quelques instants après, pour simuler la rouille, saupoudrer dans les fonds ou creux de la poudre de rouille ; il sera même bon d'en écraser légèrement à sec, avec le pinceau ferme, sur quelques surfaces planes pour atténuer l'éclat métallique du fer en poudre ou bronze blanc.

4° Encaustiquer et frotter, le sujet une fois bien sec.

Quelques Moulages aptes à être transformés en vieux fer

```
Bouclier
Casque François I"
   —    Henri II
Hausse-col Henri II
Cuirasse Henri IV
Casse-tête gothique à 6 palmettes
Hache double tranchant
Epée François I"
   —    Renaissance
   —    moyen-âge
Hallebarde Charles IX
Poignard gothique
       —    tête de mort
Gantelets Henri II
```

Panoplie Henri II composée de 20 pièces :
1 casque, 1 cuirasse, 1 hausse-col, 1 bouclier, 2 gantelets, 2 hallebardes, 1 casse-tête, 1 hache, 2 épées, 4 poignards, 4 lances.

Figurines de terre cuite grecques [1]

Les parties du monde grec qui ont fourni le plus de monuments sont les suivantes : pour la Grèce propre, l'Attique, la Boétie et principalement la ville de *Tanagra*, en Afrique, la *Cyrénaïque* dans la Grèce asiatique, Rhodes, Ephèse, Purgame et Tarse. De tous ces points de provenance les mieux connus sont ceux où des fouilles régulières ont pu être faites comme dans la nécropole de Camiros à Rhodes, où l'on a pu étudier méthodiquement les produits comme pour les terres cuites de *Tanagra*.

C'est par l'examen de la terre et des procédés de fabrication qu'on peut arriver à les grouper par régions.

Les figurines de Tanagra appartiennent en général, par l'esprit et par la facture, au ive siècle ou aux premières années du iiie siècle.

Bien qu'on trouve des statuettes venues d'une seule pièce, généralement pour les plus soignées, la face antérieure est obtenue d'abord dans un moule, au repoussé, la tête et les extrémités sont exécutées à part. La face antérieure est ajoutée à un revers, offrant le plus souvent une surface lisse ;

(1) Max COLLIGNON, *L'Archéologie grecque*. Bibliothèque de l'enseignement des Beaux-Arts, Henri May, éditeur.

la tête, les pieds, les mains sont ajoutés après
coup par l'ouvrier. Au milieu du dos est pratiqué
un trou d'évent destiné à l'évaporation de l'air, et
la statuette est posée sur un socle. Les détails de
la tête du costume étaient refouillés à la pointe, ce
qui donnait à chaque figurine sa physionomie
propre. C'est ainsi qu'on peut voir dans les vitrines
d'un musée deux statuettes sorties d'un même
moule, qui diffèrent cependant par des détails par-
ticuliers.

Après la première cuisson, la statuette passait
aux mains de l'ouvrier chargé de la peindre de la
tête aux pieds, et quelquefois de dorer les ornements, comme les boucles d'oreilles, colliers, diadèmes ; les couleurs employées le plus fréquem-
ment étaient le *bleu;* le *rose* avec toutes ses nuances,
le *rouge,* le *rouge brun* et le *noir,*

Les sujets empruntés à la vie masculine
(planche VII) étaient les moins nombreux. Beaucoup plus nombreuses étaient les scènes de la vie
féminine. L'imagination des coroplastres était
inépuisable : avec un art parfait, ils savaient varier par des différences d'attitude et d'ajustement
le motif très simple d'une femme grecque en costume d'intérieur ou de sortie, tunique talaire
tombant jusqu'aux pieds, serrée à la taille par une
ceinture et un manteau (himation ou calyptra)
d'une étoffe plus fine, comportant, suivant le goût
ou le caprice individuels, une infinie variété de
plis.

Tantôt les femmes étaient drapées dans l'himation et ne laissaient voir qu'une partie du visage,

PLANCHE VII

d'autres fois elles portaient en outre un petit chapeau et à la main un éventail en forme de feuille de lotus (moulage M, planche VII).

Quelques-unes de ces figurines ont une physionomie toute moderne.

Les figurines de Tanagra, en raison de leur importance et de leur valeur artistique, nous offrent de curieux renseignements sur la vie grecque au IVe siècle, et correspondent en outre à l'une des périodes d'évolution du génie hellénique, où prédomine un art plus raffiné, plus recherché et moins religieux.

Les types traités le plus souvent par les coroplastres asiatiques sont ceux que l'art du IVe siècle a mis en faveur : divinités gracieuses du cycle d'Aphrodite, Eros aux ailes déployées. La fantaisie et l'imitation libres de la nature y trouvaient aussi leur place. C'est d'Asie-Mineure que nous parviennent les plus curieuses statuettes grotesques, nous montrant comment l'esprit grec comprenait la caricature.

L'art d'imiter, à reproduire des figurines grecques de TANAGRA et de CYRÉNAÏQUE

Préliminaires. — Sur une planchette ou mieux sur une plaque de verre, porcelaine ou marbre, disposer par petits paquets séparés, de la poudre blanche, jaune, rouge, et du blanc d'Espagne grossièrement broyé.

EXÉCUTION

1° Les couleurs ainsi préparées, enduire la figurine d'une couche générale de « Chrysalide » terre cuite T, que l'on aura versée dans un petit vase.

2° La peindre s'il y a lieu, c'est-à-dire faire quelques touches de rose dans les plis de la tunique et de bleu cendré dans ceux du manteau, ou varier avec du rouge brun. Employer le noir assez rarement, le rose et le bleu étant les couleurs dominantes. Dorer les ornements, boucles d'oreilles, colliers, diadèmes, éventails, avec de l'or en poudre sans uniformité dans l'application pour bien accentuer l'impression de détérioration. Ces couleurs et l'or en poudre se fixent avec de la mixtion. Employer les couleurs mates, rose, bleu, rouge et noir, genre viennois.

3° Cette décoration étant sèche, avec un pinceau ferme humecté d'enduit à imperméabiliser, prendre et appliquer de la poudre blanche en alternant avec de la jaune (mettre deux fois plus de blanche que de jaune) en tapotant ou putoisant la statuette jusqu'à ce qu'elle en soit à peu près complètement recouverte. A quelques endroits, ne pas craindre d'en superposer plusieurs couches, afin d'obtenir des parties épaisses et rugueuses. Toutefois, il est bon de laisser quelques saillants et surfaces presque unis, pour simuler l'usure due au frottement. Par contre, l'on obtient la simulation des sédiments calcaires en imbibant d'enduit quatre ou cinq gros grumeaux de blanc d'Espagne appliqués au doigt comme un mortier à l'état pâteux à deux ou trois endroits.

4° Un quart d'heure après cette troisième opération, avec un pinceau sec et trempé dans de la poudre blanche, le passer en frottant sur toutes les faces de la figurine. Essuyer l'excédent également avec un pinceau sec.

Du reste, s'inspirer en visitant les originaux du Louvre. Bien laisser sécher, car ce n'est que le lendemain que l'on peut juger de la teinte définitive.

On obtiendra des Tanagras d'un ton plus rouge en se servant modérément de poudre rouge de concert avec les autres.

Observations. — Les figurines doivent présenter après l'exécution un ensemble de plaques de blanc grisâtre laissant transparaître par place la couleur terre cuite pâle de la première opération. Les fragments de couleurs et dorures se trouvent également atténués par la superposition de la troisième opération et apparaissent aussi par endroits.

Un procédé final, que nous recommandons aux débutants, consiste à donner une couche genérale de « Chrysalide » oxyde, une fois la statuette achevée. Elle prendra aussitôt une couleur noir-verdâtre qui disparaîtra en séchant.

Terre cuite d'art (imitation)

Ce genre de terre cuite, applicable sur quelques moulages d'œuvres anciennes et principalement sur ceux d'œuvres modernes, s'obtient en appliquant au pinceau, sur le moulage, rendu bien spongieux par un frottement général au papier de verre triple zéro, de la « Chrysalide » terre cuite d'art, claire ou foncée.

Cette application devra se faire par tamponnement et en deux couches successives, en laissant une intervalle d'un quart d'heure avant de procéder à la seconde. Si quelques surfaces venaient à briller, enlever ce vernis en y passant très légèrement du papier de verre bien fin.

Pour obtenir la patine d'une terre cuite ancienne, il suffirait de passer sur le sujet une légère couche d'encaustique teinté en brun par l'addition de quelques gouttes de bitume liquide. Laisser sécher et frotter légèrement.

Vieille pierre — Son imitation

Les sculptures attiques les plus anciennes datent de la première moitié du vi^e siècle. Elles sont en tuf calcaire et conservent les traces d'une polychromie très vive, ou dominent les tons rouges et bleus.

L'histoire de l'Egypte ne nous étant connue que depuis quatre mille ans avant Jésus-Christ, on ne sait rien de ses arts au-delà de l'époque memphite, dont les œuvres des artistes de cette période nous sont bien connus par celles retrouvées en foule dans les mastabas (tombeaux), gloire du musée de Boulaq et des salles égyptiennes du Louvre.

A cette époque, tout naturellement, la statuaire fut mise au service des croyances religieuses. Les Egyptiens regardaient l'homme comme un composé bizarre de plusieurs êtres distincts (voir page 17).

Le corps et le double avaient des substituts en grand nombre, statues de calcaire à l'image du défunt, devant résister aux siècles par leur dureté.

La nécessité pour les sculpteurs memphites

d'exprimer avec précision et exactitude les traits de leurs modèles les a rendu observateurs et familiarisés avec l'innombrable diversité des mouvements et des attitudes. Aussi leur ciseau excelle-t-il dans la représentation en ronde bosse, en bas-'reliefs ou statuettes de calcaire.

Si la sculpture égyptienne, dans tout le cours de sa longue histoire, a quelque chose d'uniforme et d'invariable, c'est l'ensemble de ses conventions, qui furent très particulières et d'une persistance rare.

La plupart des statues (moulage n° 370, planche III), sont appuyées à une sorte de dossier rectangulaire qui monte droit derrière elles, se terminant tantôt carrément au niveau du cervelet, tantôt s'achevant en un pyramidion dont la pointe se perd parmi les cheveux, tantôt s'arrondissant au sommet et paraissant au-dessus de la tête du personnage. Les bras sont rarement séparés du corps ; dans bien des cas, ils adhérent aux côtés et à la hanche. Celle des jambes qui porte en avant est reliée souvent au dossier, sur toute sa longueur, par une tranche de pierre. La raison en serait, dit-on, l'imperfection des outils. Si l'usage des tenons persista jusqu'au bout, ce ne fut pas par impuissance, mais routine ou respect exagéré pour les enseignements du passé.

Un art, comme dit M. Pierre Paris, progresse d'autant plus qu'il s'approche de la perfection, qu'il se dégage plus complètement des conventions forgées à ses débuts par l'ignorance ou la maladresse des maîtres primitifs. La sculpture égyptienne n'a pas fait de progrès parce qu'elle n'a pas su ou pas voulu, dans son âge avancé, rompre avec les conventions de son enfance.

Quelques-unes de ces conventions sont communes à la ronde bosse et au bas-relief; la principale est la polychromie. Toutes les statues, sauf peut-être quelques œuvres en basalte ou en grès, tous les bas-reliefs étaient coloriés suivant certaines règles fixes. Les statues étaient entièrement peintes, mais seulement les figures des bas-reliefs, dont le fond gardait sa teinte naturelle. On ramenait à une seule teinte non rompue toutes les variétés de tons qui existent naturellement sur un objet ou qu'y produisent les jeux de l'ombre et de la lumière; elle n'est jamais vraie ni entièrement fausse, elle se rapproche autant que possible de la nature sans l'imiter fidèlement, quelquefois l'atténue, quelquefois l'exagère et substitue un idéal, une convention à la réalité visible. L'eau est toujours d'un bleu uni ou rayée de zigzags noirs. Tous les hommes ont le nu brun, toutes femmes l'ont jaune clair. Les couleurs usitées étaient assez nombreuses, le jaune, le rouge, le bleu, le brun, le blanc, le noir et le vert datent de la ve dynastie; la xviiie dynastie compte jusqu'à seize nuances distinctes. Les caractères de la polychromie égyptienne ont bien été marqués par M. Maspéro.

Mais la convention ne s'arrêtait pas à la coloration des formes sculptées; le modelé de ces formes était tout conventionnel.

En Egypte, à toutes les époques, les bas-reliefs ont été traités selon trois procédés :

1º On a sculpté, comme l'usage ordinaire de tous les pays, les figures en saillie plus ou moins accentuée sur une surface plane ; cette méthode difficile et demandant beaucoup de temps, ne s'appropriait guère aux exigences vastes et rapides de la décoration (moulage nº III, planche VIII).

2º Parfois, dans un creux profond de un ou deux centimètres, la figure est modelée en relief ; ce procédé a le grand avantage de protéger les figures contre les chocs et les frottements, le champ seul étant en relief (moulage nº 112, planche VIII).

3º Pour plus de rapidité d'exécution, il était plus simple de creuser simplement sur les murailles bien planées des contours, sans même se donner toujours la peine de ravaler le champ resté libre entre ces dessins au burin, pour accentuer plus ou moins le relief des figures.

Chaldée, Assyrie. — M. Perrot a dit : « L'art chaldéen et l'art égyptien, ce ne sont sans doute pas deux arts différents, mais ce sont deux mouvements successifs d'un même art, deux phases de son développement. »

L'art chaldéo-assyrien est avant tout un art national ; il n'a que deux sortes de sujets à traiter, sujets religieux et sujets royaux. Or, les peuples de Mésopotamie n'ont jamais conçu que des dieux monstrueux et difformes, des génies, des démons occultes auxquels ne convenait pas la beauté sublime du corps humain, idéalisé comme aux dieux de la Grèce ; et quant aux rois, le type était consacré, dont on ne pouvait jamais représenter qu'une image officielle. On croyait les honorer par la grand nombre des statues et des bas-reliefs bien mieux que par la qualité supérieure d'une seule œuvre qui fût un chef-d'œuvre. Il fallait qu'un sculpteur produisît beaucoup et très rapidement, et qu'il représentât toujours les mêmes scènes; ces trois nécessités sont les trois ennemies mortelles du progrès et de la beauté, d'après M. Pierre Paris.

Les statues en ronde bosse sont de pierre molle, et les groupes en bas-relief sont de pierre dure.

Le naturel prosaïque et pratique des Phénico-Cypriotes fut corrigé probablement par le mélange des populations indigènes heureusement douées. Leur esprit laissa une porte ouverte à la culture artistique et se prit de zèle pour les œuvres plastiques, dans ce pays riche en carrières d'un calcaire tendre et docile au ciseau, faisant surgir en foule des sculpteurs. L'exploration des nécropoles de l'île ont mis au jour par centaines les statues et les stèles. L'essai exceptionnel de la sculpture phénicienne à Cypre ne fut suivi que d'un succès médiocre. Pour être nombreuses, les statues cypriotes n'en sont pas plus originales.

La ronde bosse fut très en faveur à Cypre, tandis que le bas-relief fut presque exclusif en Assyrie ; il est vrai que les statues cypriotes sont pour la plupart plates par derrière, sans doute parce qu'elles s'adossaient aux murailles.

Les Grecs furent en contact avec les cypriotes ; dès le xe siècle ils firent leur profit de la connaissance de l'art oriental, mais il est probable que c'étaient les Phéniciens qui devaient imiter en art les Grecs, les Phéniciens n'ayant pas eu le génie créateur qui mit les Hellènes hors de pair.

PROCÉDÉ ET MODE D'EMPLOI

pour l'imitation de vieille pierre ou calcaire

Cette imitation s'obtient très facilement en appliquant de la « Chrysalide » ivoirine B sur les moulages en plâtre, en procédant de la façon suivante :

1° Dans un récipent émaillé ou terre vernissée, faire fondre à feux doux la « Chrysalide » ivoirine et l'appliquer bouillante à l'aide d'un pinceau ferme sur le sujet en plâtre qui, au préalable, aura été légèrement chauffé.

2° La statuette ou bas-relief, ainsi complètement recouvert de « Chrysalide » ivoirine, sera soumis à nouveau pendant quelques instants à l'action d'un foyer quelconque, lampe, poêle, fourneau, etc., pour accélérer l'absorption de l'ivoirine, qui doit être complète, la faciliter en passant un linge absorbant sur les parties présentant un excédent de matière.

3° La pièce encore tiède, y passer un pinceau imprégné de bitume liquide. Essuyer immédiatement avec un linge.

4° La moisissure dans les creux est simulée en y introduisant, avec le pinceau, de la « Chrysalide » oxyde d'une façon très sobre, ainsi qu'un soupçon de noir de fumée. Bien frotter ensuite avec un linge.

Ce procédé est surtout applicable aux œuvres relativement peu anciennes, telles que gargouilles, frises, bas-reliefs, chapiteaux, colonnettes sculptées de style góthique, renaissance.

Mais dans les reproductions de la plastique égyptienne, chaldéenne, assyrienne, phénicienne, hellénique, où la polychromie était le complément presque toujours de l'œuvre statuaire (se reporter aux notes historiques précédant ce chapitre), l'on procédera exactement comme il est indiqué aux paragraphes 1 et 2. Pour troisième opération, l'on polychromera le sujet, suivant les règles des couleurs employées par les anciens et mentionnées dans nos notes historiques, en employant des couleurs mates, de nuances *ad hoc*, dites viennoises, diluées dans de l'essence de térébentine, et dont l'application se fera au pinceau blaireau par teinte plate et uniforme. Laisser sécher pendant vingt minutes et donner une légère couche générale de bitume liquide. Immédiatement après, essuyer le sujet avec un linge imbibé légèrement d'essence de térébenthine, frotter assez vigoureusement pour enlever des parties de couleurs, aux saillants particulièrement, et le résultat sera très satisfaisant.

Pour quelques œuvres assyriennes, chaldéennes et phéniciennes, le calcaire devra présenter un ton jaunâtre que l'on atténuera avec le **bitume** liquide, dont le rôle est de communiquer la **patine** du temps.

Du reste, l'amateur à même de visiter un **musée** renfermant des œuvres de ces époques jugera encore mieux de visu de l'aspect polychromique qu'elles ont actuellement.

Quelques Moulages aptes à être transformés en imitation de vieille pierre et faciles à se procurer

			Planches
370	Egyptien debout		III
111	Bas-relief égyptien, figure en saillie. .		VIII
112	Bas-relief — figure en- relief dans un creux		VIII
1289	Vase égyptien, dessin au burin		—
532 A	Gargouilles de Notre-Dame.		—
532 B	—	S¹-Germain-l'Auxerrois .	—
532 C	—	Tour Saint-Jacques . . .	—
534	—	Diable Notre-Dame. . .	—
540	—	à la canne.	—
541	—	Chimère (petite). . . .	—
532 D	—	— (grande) . . .	—
543	Statuette assyrienne		—
839	Memnon		V
1192	Sarcophage avec hiéroglyphe		V

Du granit — Son imitation

Les Egyptiens, de l'époque thébaïne principale-ment, employaient le granit noir ou gris pour les statues royales. Chaque détail est traité avec autant d'adresse que si le sculpteur avait eu sous

PLANCHE VIII

la main une pierre tendre, et non pas une matière rebelle au ciseau.

De même que la XVIIIe dynastie, la XIXe voulait avoir ses colosses. Le Ramsès II de Louqsor mesurait entre cinq ou six mètres, celui du Ramesseum, seize, celui de Tanis, dix-huit environ, ceux d'Ibsamboul sans atteindre à cette taille formidable, présentent à la rivière un front de bataille imposant.

Le granit rose également aurait été préféré par les Thébaïnes.

PROCÉDÉ ET MODE D'EMPLOI
pour l'imitation de granit

Le moulage du sujet à reproduire étant choisi, procéder de la façon suivante :

1° Dans un petit vase, verser du contenu du flacon « Chrysalide » enduit granit et en recouvrir le sujet d'une couche générale ;

2° Dans trois godets, verser de la mixtion mixte. Dans le premier, y mélanger de la poudre rouge, dans le second du noir G, et dans le troisième du blanc G. Chacun de ces mélanges devra être assez fluide.

3° Dans le godet de mixtion rouge, y tremper légèrement un pinceau ferme ; prendre ce pinceau de la main gauche, verticalement, entre le pouce et les quatre doigts, le manche en bas, et le présenter dans cette position à deux centimètres du sujet. Avec l'index de la main droite, ramener les soies en arrière, puis les lâcher subitement. Les soies, faisant ressort, projetteront en gicquelant une pluie de petits points rouges. En varioler tout le sujet.

Répéter successivement cette opération avec le contenu du godet de mixtion noire en second et de celui du godet de mixtion blanche en dernier, en se servant d'un pinceau propre pour chaque sorte. Ces mélanges de pointillés rouges, noirs et blancs donneront un granité d'un bon effet.

4° Pour terminer et communiquer à ce maquillage le semi-brillant du granit, on versera sur une feuille de papier de la brillantine que l'on projettera sur l'objet encore frais, en soufflant dessus.

5° Pour fixer solidement cette brillantine, projeter par dessus du vernis conservateur avec un vaporisateur, ou, au besoin, avec le pinceau de la même façon que pour les couleurs.

Nota. — Il est bien évident que lorsqu'on veut un granit gris, on supprime la projection de rouge ; si c'est un granit noir, on insiste avec de la couleur noire ; pour du rose, avec du rouge et blanc.

*Quelques Moulages aptes à être transformés en imitation
de granit et facile à se procurer*

		Planches.
1195	Sphinx	VIII
1192	Sarcophage avec hiéroglyphes	V
111	Bas-relief égyptien.	VIII
112	— —	VIII

Des marbres anciens

Les Egyptiens de l'époque· saïte s'attaquèrent
de préférence pour leur sculpture au basalte, aux
brèches, à la serpentine, et tirèrent un parti mer-
veilleux de ces matières à grain fin et à pâte
presque partout homogène. L'amour-propre de
triompher de la difficulté les entraîna souvent à la
rechercher.

Les Grecs attribuaient les premiers progrès de
la sculpture à Dédale, personnage légendaire qu'on
faisait naître à Athènes.

Il n'y a pas lieu d'insister longuement sur les
humbles origines de la plastique, ni de s'attarder
aux fables sous lesquelles l'imagination des Grecs
les déguisaient. Pour les Grecs, tous les arts avaient
pris naissance sur leur sol, et chaque invention
avait sa légende merveilleuse ou charmante. On
sait l'histoire du potier Boutadès, qui trouva l'art
de modeler, grâce à sa fille Coré. Un soir, la jeune
corinthienne eut l'idée de retracer sur la muraille
la silhouette de son amant, qu'y projetait la
lumière d'une lampe ; le père remplit d'argile ce

contour, et l'art de modeler fut inventé. Si l'on revient à la réalité des faits, on découvre, à travers toutes ces fables, que la plastique se développe d'abord dans la Grèce orientale comme tous les arts helléniques. Les procédés se transmettent dans les familles d'artisans; ils s'améliorent lentement jusqu'au jour où les modestes forgerons qui fabriquaient des armes, des meubles, etc., deviennent d'habiles toreuticiens et appliquent à la statuaire la science technique qu'ils ont acquise. Alors on trouve des noms historiques, des personnalités, des écoles ayant leur physionomie particulière. L'art sort de la légende, et l'on peut suivre, à l'aide des témoignages écrits, les progrès de la plastique (1).

Le grain fin du marbre, son homogénéité et sa dureté, séduisirent presque au début des progrès de la plastique grecque les maîtres des différentes périodes d'évolution de la sculpture.

Avant la quatrième olympiade, l'école des sculpteurs sur marbre compte plusieurs représentants ayant assez de talent pour que leurs œuvres fussent transportées à Rome lors de la conquête de la Grèce.

Les Crétois travaillaient le marbre de Paros, et leurs statues étaient recherchées dans toute la Grèce dorienne.

L'école d'Egine se rattache aux écoles doriennes. C'est d'Egine que provient le groupe de monuments le plus important pour cette période. Les

(1) Tiré de *L'Archéologie grecque,* par Max COLLIGNON. Bibliothèque de l'enseignement des Beaux-Arts, Henri May, éditeur.

sculptures en marbre qui ornaient le fronton du temple d'Athena, à Egine, nous-offrent le plus beau spécimen de l'art grec à l'époque archaïque.

Sous le gouvernement de Risistrate et de ses fils, les artistes indigènes abandonnent le tuf pour travailler le marbre.

Les statues de l'Acropole témoignent de l'art exquis avec lequel le pinceau du peintre savait atténuer la blancheur trop crue du marbre et rehausser les détails par une polychromie discrète.

C'est en Attique et dans le Péloponèse que la sculpture atteint son plus haut degré de perfection.

A Athènes, le nom de Phidias domine tous les autres, et on le considère comme le chef de l'école attique.

La période des grandes œuvres de Phidias est celle qui coïncide avec l'administration de Périclès ; c'est le moment où il exécute l'Athena Parthenos et le Zeus d'Olympie.

Les marbres du Parthénon nous fournissent des documents pour apprécier l'œuvre conçue par lui, sinon exécutée de sa main.

Dans les premières années de ce siècle, lord Elgin acheva de mutiler le Parthénon en enlevant plus de deux cents pieds de la frise et la presque totalité des frontons ; ces dépouilles enrichissent aujourd'hui le musée britannique.

Les marbres étaient peints en partie ; le fond d'une des métopes retrouvée au Parthénon était rouge, et les draperies vertes.

Les fouilles de M⁰ Newton, à Boudroun, ont exhumé les marbres précieux du mausolée d'Halicarnasse, dû au ciseau de Scopas, né à Paros. Les figures du mausolée donnent une précision à l'idée qu'on peut se faire du style de Scopas. Aussi convient-il de rattacher à son école une œuvre offrant une parenté avec les marbres d'Halicarnasse : c'est la Victoire trouvée dans l'île de Samothrace, que possède le Louvre (moulage n° 1379, planche IV).

Praxitèle aurait travaillé avec Scopas aux sculptures du mausolée.

Praxitèle vécut à Athènes, et ses relations avec la courtisane Phryné, qui lui servait de modèle, sont bien connues. Parmi les sculpteurs de l'école attique au iv⁰ siècle, Praxitèle est celui qui représente le mieux l'esprit nouveau. On ne cite pas moins de quarante-six groupes ou statues exécutés par Praxitèle.

L'antiquité reconnaissait que Praxitèle avait créé le type d'Aphrodite dans sa célèbre statue de Cnide.

De quelle période et à quelle époque peut-on attribuer la célèbre Vénus de Milo ? M. Max Collignon dit : « Si l'on s'accorde à reconnaître dans le marbre du Louvre un des chefs-d'œuvre de la sculpture grecque, peu de monuments ont soulevé de plus vives controverses. » Plusieurs érudits l'attribuent à l'école de Scopas.

Sixième période, l'hellénisme.

Un des principaux caractères de cette époque, c'est la diffusion des écoles; l'art se déplace, et l'Asie mineure devient le centre de l'activité artistique.

Trois écoles deviennent les foyers les plus importants de l'art dans cette Grèce d'Asie.

Ce sont les écoles de Pergame en Myrie, de Rhodes et de Tralles.

Procédé pour imiter le marbre

MODE D'EMPLOI

Cette imitation ne peut s'obtenir d'une façon convenable qu'avec des sujets moulés en plâtre d'albâtre très blanc (bien le spécifier au mouleur), que l'on imprègne d'une couche *d'ivoirine marbre* en procédant exactement comme il est indiqué aux paragraphes 1 et 2 de l'imitation vieille pierre, page 71.

Pour communiquer à ce faux marbre la patine séculaire, donner sur toute l'œuvre une légère couche de bitume fluide et clair ; l'essuyer quelques instants après avec un linge imbibé modérément d'essence de térébentine. Bien laisser sécher, et frotter vigoureusement pour obtenir le poli.

Si l'on désirait obtenir un marbre ancien d'un ton jaune, au lieu de bitume liquide, on se servirait de poudre vieux bois, étendue à sec sur les parties devant être teintées.

Marbres polychromés superficiellement
Leur imitation

Procéder sur des moulages d'albâtre très blanc également et de la même facon qu'aux paragraphes 1 et 2 de l'imitation vieille pierre.

Polychromer pour atténuer la teinte crue du blanc de ce marbre, en se servant de couleurs mates viennoises fortement diluées dans de l'essence de térébenthine et appliquées sur le sujet encore très chaud.

Pour avoir la matité aux parties restant blanches, y passer un linge imprégné d'*incolore à mater le marbre*.

Marbre blanc statuaire et cristallisation

Le marbre moderne s'obtient en procédant de la même façon qu'aux paragraphes 1 et 2 de l'imitation vieille pierre. Bien faire attention de ne pas faire des taches de fumée.

Sur la statuette ou bas-relief encore chaud, passer un linge imprégné d'*incolore à mater le marbre.*

Sur un papier, étendre un peu de brillantine et la souffler sur l'œuvre. Pour la fixer, faire avec un vaporisateur une vaporisation de *fixatif blanc*.

Imitation de marbre de couleurs, basalte, serpentine, rouge, vert, etc.

1° Pour imiter les marbres ou pierres fines de couleurs, employer des couleurs à l'aquarelle appropriées au ton du marbre désiré, bien diluées dans l'eau et appliquées directement au pinceau blaireau sur le moulage du sujet, qui doit être également en plâtre d'albâtre blanc, en zigzaguant parfois pour obtenir les marbrures ou en gicquelant les couleurs avec un pinceau ferme, comme il est indiqué au granit, pour le basalte ou la serpentine.

Bien faire sécher au four ou auprès d'un foyer pour éliminer toute trace d'humidité. A ce moment seulement, appliquer de l'*ivoirine marbre* par dessus ces couleurs, en se conformant pour l'application exactement aux paragraphes 1 et 2 de l'imitation vieille pierre.

NOTA. — Pour obtenir des imitations exactes, il faudra donc, après avoir fait le choix du moulage de l'œuvre à transformer en marbre, faire son possible pour connaître l'époque de l'original, le musée qui le possède, le voir si possible ou d'autres de la même époque, retenir la note polychromique et les particularités, et choisir le procédé d'imitation de marbre s'en rapprochant le plus.

Quelques Moulages aptes à être transformés
en imitation de marbre et faciles à se procurer

(Il est absolument indispensable que ces moulages soient de plâtre d'albâtre bien blanc).

		Planches.
1327	Vénus de Milo	VIII
549	Le groupe des Laocoons (école de Rhodes)	
1372	Vénus de Médicis	
16	Apollon du Belvédère	
550	Gladiateur Borghèse	
1379	Victoire de Samothrace (école de Scopas et Praxitèle)	VIII
435	Femme inconnue	VIII
864	Buste Napoléon	VIII
466	Femme connue xixe siècle	VI
830	Marie-Antoinette, petit buste	VIII
768	Louis XVI	
598	Hébé, statuette	V
	Frises du Parthénon, d'après la gravure anglaise	VIII
1275	Tête du musée de Lille	VIII
1350	Vénus à sa toilette	VIII

Des vieux bois peints

Il est reconnu que dès la plus haute antiquité, ce genre de décoration avait été usité par tous les peuples anciens pour enluminer, depuis leurs grossières idoles en bois, sculptées à coups de hache, jusqu'à celles d'un caractère hiératique plus raffinées.

Les découvertes faites et que l'on fait encore en Egypte et en Grèce, attestent combien la peinture était intimement liée à la sculpture plus de 3000 ans avant l'ère chrétienne.

Bien que la polychromie conventionnelle des Egyptiens, indiquée au chapitre de la vieille pierre, également applicable sur statuettes de bois, puisse offrir de l'intérêt à l'amateur, nous nous reportons brusquement à une époque bien plus moderne, féconde en images de bois, et dont les moulages fort répandus faciliteront l'étude pratique et approfondie de quelques œuvres des xiiie et xive siècles (1).

La sculpture du moyen-âge a son origine d'une pureté de style qui rappelle en son genre le beau temps de la sculpture romaine ; elle perd bientôt la proportion et la mesure en s'éloignant des traditions antiques. L'exubérance déréglée de ses compositions, surchargée de détails, lui fait oublier les sages lois de la simplicité, condition

(1) Ed. CORROYER, *L'Architecture gothique*. Bibliothèque de l'enseignement des Beaux-Arts, Henri May, éditeur.

essentielle de toute œuvre d'art, et l'entraîne à une décadence rapide qui s'annonce dès le xive siècle et s'accomplit un siècle plus tard. « La statuaire est alors à son apogée, et rien de plus surprenant que l'activité et la fécondité des sculpteurs du viiie siècle, qui peuplèrent de personnages hauts de deux à trois mètres les embrasures des portes et les façades, sans compter les statuettes qui animaient les tympans. La façade de Notre-Dame de Paris, qui est loin d'être la plus riche, a soixante-huit statues beaucoup plus grandes que nature, et la plupart exécutées avec une rare perfection. »

Les sujets préférés par l'imagerie du xiiie siècle étaient un peu ceux de l'époque romaine, mais avec une sensible différence et un progrès considérable dans la composition, qui présente plus de science, de goût et moins d'excentricité. Il fallait cependant un exutoire à la verve satirique de nos ancêtres et à leur penchant vers la caricature ; ils trouvèrent satisfaction dans les allusions mordantes qu'ils se permirent quelquefois à l'adresse du clergé, des princes, des riches bourgeois, et dans les formes fantastiques de leurs gargouilles.

Au xiiie et au xive siècles, tous les sculpteurs étaient des imagiers ; mais à la fin de ce dernier siècle et pendant le xve, on désignait, sous la dénomination d'imagiers, les tailleurs d'images *en bois*, en ivoire, etc.

Les admirables stalles en bois sculpté d'Amiens, d'Auch et d'Albi, pour ne citer que les plus justement célèbres, témoignent du talent vigoureux des imagiers des xive et xve siècles.

La sculpture sur bois japonaise et chinoise offre également une source d'éléments de reproductions d'œuvres en vieux bois peint fort originales et très décoratives, dont les moulages sont assez faciles à se procurer.

PROCÉDÉ

pour imiter et reproduire sur des moulages en plâtre le VIEUX BOIS PEINT

Nous ne cacherons pas à l'amateur que ce genre de décoration demande passablement d'habileté pour éviter de tomber dans le commun et conserver le côté éminemment artistique et le bon goût propre à ce genre ; mais par contre, nous l'engageons à persister si les premiers essais ne répondaient pas à ses désirs, car la réussite le dédommagera au-delà de ses espérances.

Ceci dit, supposons, pour la démonstration théorique, que nous opérons sur un bas-relief Donatello : *Sainte Cécile* (moulage nº 1190, planche I), et que notre intention soit de faire le visage rose chair, les draperies bleu et vert, les cheveux blonds, l'auréole vieil or et le fond vieux bois naturel.

Première opération. — Procéder à l'imitation de vieux bois comme il est indiqué à ce chapitre. Ne pas mettre d'encaustique.

Deuxième opération. — Verser dans un godet de la mixtion.

Troisième opération. — Sur un papier, disposer par petits paquets de la pâte blanche, bleue, verte, rouge, jaune et brune.

Quatrième opération. — Prendre un pinceau doux et ferme, l'imprégner légèrement de mixtion mixte, le passer sur la pâte bleue disposée sur le papier et en décorer le manteau comme si l'on appliquait du bronze ciré ou autre par dessus du bronze vert foncé, en reprenant de la couleur et de la mixtion autant de fois qu'il est nécessaire, et opérer de la même façon avec la pâte verte pour la robe et la pâte jaune pour les cheveux.

Pour le visage et les chairs, appliquer de la même façon la pâte blanche mélangée avec une pointe de jaune et de rouge, attendre un quart d'heure et recommencer la même opéralion en forçant le mélange de rouge dans le blanc, qui devient très rosé, et en ne repassant le pinceau que sur les saillants, nez, pommettes, menton, les fonds devant rester plus clairs. Accentuer en rouge les lèvres, indiquer au pinceau les sourcils, le blanc des yeux et le bleu de la pupille.

Cinquième opération. — Opérer la vieille dorure de l'auréole comme il est indiqué à ce chapitre : *Imitation de vieille dorure.*

A cette phase du travail l'engouement n'est pas excessif, car l'ensemble apparaît criard et sent l'image d'Epinal ; mais que l'on se rassure : le travail final ci-dessous ramène les illusions.

Sixième opération. — Lorsque toutes les couleurs sont bien sèches (une heure environ), donner sur tout le travail sans exception une couche générale de bitume liquide ; essuyer aussitôt avec un linge absorbant, en frottant doucement ; laisser sécher, et, une demi-heure après, donner une légère couche d'encaustique. Brosser modérément une fois sec.

A ce moment, les tons violents auront disparu pour faire place à une vieille peinture revêtue d'une patine plusieurs fois séculaire.

Quelques Moulages aptes à être transformés en imitation de vieux bois peint et faciles à se procurer

		Planches.
1345	Vierge de Cluny, statuette	V
1190	Sainte Cécile Donatello, bas-relief	I
1358	La Vierge et l'Enfant-Jésus, bas-relief	
1364	Vierge gothique assise, statuette	
115	Boudha, statuette	I
1208	Scène d'avares, bas-relief	
162	Statuette japonaise	VIII
1206	Saint Jean, Donatello, bas-relief	V
300	Le Dante	I

1191	Sarcophage.	V
770	Laurent de Médicis, buste.	
214	Le Christ, buste.	V
219	Console gothique	VIII
239	— —	
233	— —	
370	Egyptien	III
1023	La Paysanne de l'église de Brou . . .	
163	La Bourgeoise — — . . .	
1133	La Reine — — . . .	
1220	Sainte Catherine	
204	Console Louis XV	VIII
221	— feuille d'acanthe	VIII

Imitation de vieille dorure

Dans les imitations de vieux bois, lorsqu'on veut simuler la dorure ancienne (l'imitation de vieux bois ayant été régulièrement faite comme il est indiqué à ce chapitre), l'on passe avec un pinceau, sur les parties à dorer, une légère couche de mixtion, que l'on recouvre immédiatement de poudre de bronze or vif.

Après avoir laissé sécher une demi-heure, appliquer par dessus cet or faux une très fine couche de « Chrysalide » bois clair.

Encaustiquer et frotter légèrement.

Renseignements complémentaires sur la « Chrysalide »

Tous les genres de « Chrysalides », sauf l'oxyde, peuvent se mélanger entre eux sans inconvénient, et concourir à la modification et à la formation d'autres tons, de même que par la superposition de ces différentes sortes.

Éclat métallique. — Pour communiquer à tous les bronzes, sauf le genre antique, un brillant métallique éclatant, y passer par dessus l'encaustique bien frotté, en tous sens, et principalement aux saillants, un pinceau putois à peine imbibé d'un soupçon de *vernis conservateur spécial.*

Dans le cas où l'on désirerait à nouveau atténuer ce brillant, il suffirait de donner par dessus ce vernis une couche d'encaustique.

Comme chaque amateur, à l'aide de ce produit, par des tours de mains qui lui seront propres, arrivera à découvrir des procédés inédits, nous avons cru bon de lui réserver quelques pages blanches, qui lui permettront d'enregistrer à sa place la formule dont il sera l'auteur et dont il enrichira son petit manuel. Dans ce but, nous recommandons de noter de suite le mélange des produits, leurs proportions et le procédé employé.

Les pinceaux se lavent dans de l'alcool à brûler ou autres.

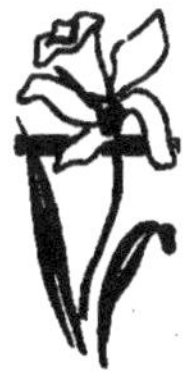

PROCÉDÉS

pour reproduire et imiter sans feu

LES

CÉRAMIQUES BRILLANTES

ANCIENNES ET MODERNES

Quelques notes historiques préliminaires, forcément trop restreintes, vu le caractère de ce manuel, sur les céramiques anciennes.

Céramiques égyptiennes (1)

Les Egyptiens émaillaient la pierre. La moitié au moins des scarabées, des cylindres et des amulettes que renferment nos musées, sont en calcaire, en schiste, en lignite, revêtus d'une glaçure colorée. L'argile ordinaire ne leur paraissait pas sans

(1) MASPERO, *L'Archéologie égyptienne.* Bibliothèque de l'Enseignement des Beaux-Arts, Henry May, éditeur.

doute appropriée à ce genre de décoration. Ils la remplaçaient par plusieurs sortes de terre, l'une blanche et sableuse, l'autre bise et fine, produite par la pulvérisation d'un calcaire spécial, qu'on trouve en abondance aux environs de Queneh, de Louqsor et d'Assouan, une troisième rougeâtre et mêlée de grès en poudre et de brique pilée. Ces substances diverses sont bien connues sous les noms également inexacts de porcelaines ou faïences-égyptiennes. Les plus anciennes, à peine lustrées, sont couvertes d'un enduit excessivement mince, sauf dans le creux des hiéroglyphes et des figures, où la matière vitreuse accumulée tranche, par son aspect luisant, sur le ton mat des parties environnantes. Le *vert* est de beaucoup la couleur la plus fréquente sous les anciennes dynasties ; mais le *jaune,* le *rouge,* le *brun,* le *violet,* le *bleu,* n'étaient point dédaignés. Le *bleu* l'emporta dans les manufactures thébaines, dès les premières années du moyen empire. C'est, d'ordinaire, *un bleu brillant et doux* imitant la turquoise ou le lapis-lazuli. Le *vert* reparaît avec les dynasties saïtes, plus grêles qu'aux anciennes époques. Il domine dans le nord de l'Egypte, à Memphis, à Bubaste, à Saïs, mais sans éliminer entièrement le *bleu.* Les autres nuances n'ont été d'usage courant que pendant quatre ou cinq siècles, d'Athmos Ier aux Ramessides. C'est alors seulement qu'on voit se multiplier les répondants à vernis blanc ou rouge, les fleurs de lotus et les rosaces jaunes, rouges et violettes, les boîtes à konol bariolées.

La fabrication des émaux multicolores paraît avoir atteint son plus grand développement sous Knouniaton ; du moins est-ce à Tell-Amorna que j'en ai trouvé les modèles les plus fins et les plus légers, des bagues jaunes, vertes, violettes, des fleurettes blanches ou bleues, des poissons, des luths, des grenades, des grappes de raisin. Telle figurine d'Hor a le corps *bleu* et la face *rouge* ; tel chaton de bague porte, sur une surface bleu clair, le nom du roi, réserve en violet. Si restreint que soit l'espace, les tons divers ont été posés avec une telle sûreté de main qu'il ne se confondent jamais, mais tranchent vivement l'un sur l'autre.

La poterie émaillée fut commune en tous temps. Les tasses à pied, les bols bleus, arrondis du fond et ornés d'yeux mystiques, de lotus, de poissons, de palmes à l'encre noire, sont en général de la XVIIIᵉ, de la XIXᵉ dynasties. Manches de sistre, coupes, vases à boire en forme de lotus à demi épanoui, plats, écuelles de tables, les Egyptiens aimaient cette vaisselle, fraîche au toucher, agréable à l'œil et facile à tenir propre. Poussaient-ils le goût de l'émail jusqu'à en recouvrir les murs mêmes de leurs maisons ? Rien ne permet de l'affirmer ou de le nier avec certitude, et les quelques exemples que nous avons de ce mode de décoration proviennent tous d'édifices royaux. On lit le prénom et la bannière de Pépi Iᵉʳ sur une brique jaune, le nom de Ramsès III sur une verte, ceux de Séti Iᵉʳ et de Sheshonq sur des fragments rouges et blancs.

La céramique phénicienne et cypriote (1)

Au viie siècle, c'est l'Assyrie qui fait l'éducation artistique de la Phénicie, puis c'est l'Egypte jusqu'à la fin du vi^e siècle ; enfin la Grèce entre en lice à son tour, apportant son génie propre, qui vient, surtout à Cypre, donner la main à ses deux aînées. C'est donc des Assyriens et des Egyptiens que les Phéniciens ont tout d'abord appris à modeler l'argile, à en façonner des figurines, des vases de toutes formes.

Nous savons que la céramique n'a jamais été très développée en Assyrie et en Chaldée ; aussi, dès que l'influence égyptienne put se manifester politiquement en Phénicie, on ne tarda pas à voir, dans la céramique, le style pseudo-égyptien remplacer le style pseudo-assyrien. Façonnées comme les précédentes, en terre rouge orange, les figurines de la nouvelle école représentent des femmes debout ou assises, quelquefois allaitant leur enfant, tenant un éventail, une colombe, le disque lunaire. Les Phéniciens apprirent même des Egyptiens à recouvrir leurs statuettes d'un *émail vert* ou *bleu* analogue à celui que l'on appelle faïence égyptienne, à tel point qu'il est parfois difficile de dire si les statuettes émaillées qu'on recueille dans les tombeaux de la Phénicie sont des produits importés

(1) *Manuel d'Archéologie orientale*, par E. BABELON, édité par la Société française d'édition d'art, 7 et 11, rue Saint-Benoît.

d'Egypte ou des œuvres de l'industrie indigène. Dans leur procédé d'imitation servile, les ouvriers phéniciens ont reproduit jusqu'aux caractères hiéroglyphiques, qu'ils ont défigurés parce qu'ils n'en comprenaient pas le sens.

Les Phéniciens avaient trouvé le verre blanc translucide, tandis qu'avant eux les Egyptiens et les Assyriens ne connaissaient qu'un verre opaque produit par la combustion de certaines plantes.

Le verre opaque, ou plutôt la pâte de verre, paraît d'invention égyptienne ; la substance vitreuse sert de *vernis à la terre cuite* dès le temps de la première dynastie, et on la trouve ainsi employée sur les montants de la porte sépulcrale de la pyramide à degrés de Saqqarah. Plus tard, on l'applique comme glaçure sur des scarabées, des figurines funéraires, des peintures.

En Chaldée et en Assyrie, on dut procéder comme en Egypte : commencer par employer la substance vitreuse, à l'état de vernis, sur *les briques, les statuettes, les vases ;* puis l'on est arrivé graduellement, peut-être sous l'influence de l'Egypte, au verre opaque et enfin au verre transparent.

Mais avant que le hasard leur eût appris à utiliser le sable fin des bords du Bélus, pour en fabriquer ces beaux verres translucides si unanimement vantés par les auteurs anciens, les Phéniciens avaient emprunté à leurs voisins les Egyptiens et les Assyriens l'art d'employer comme *émail* la matière vitrifiable.

Archéologie étrusque et romaine (1)

Lampes. — La lampe romaine est d'un type très élémentaire, et n'est, à proprement parler, qu'une sorte de veilleuse. Elle se compose d'un récipient en forme de cuvette pour l'huile et d'un bec pour la mèche. Le tout est fermé, sauf deux petits trous percés à la partie supérieure, l'un au centre pour l'entrée de l'air, l'autre à l'extrémité du bec pour le passage de la mèche. La lampe est habituellement rondé ; elle est presque toujours munie d'une anse qui est soit un appendice en saillie, soit une petite queue en forme de croissant, soit un anneau à mettre le doigt comme pour nos bougeoirs. Le type est quelquefois un peu plus compliqué.

Il arrive qu'au lieu d'un bec il y en ait deux, trois, six et même dix disposés en étoile autour du récipient. Le récipient lui-même prend diverses formes, et au lieu d'une cuvette circulaire, devient une boîte carrée, ou un vase d'un galbe élégant, ou un animal, ou une tête, ou une figurine quelconque. Mais le principe de l'appareil ne change pas. Depuis Auguste jusqu'à Constantin, pendant les trois siècles où la fabrication des lampes céramiques a été la plus florissante, aucun procédé mécanique n'est venu modifier la veilleuse traditionnelle.

(1) Jules MARTHA, *Archéologie étrusque et romaine.* Bibliothèque de l'Enseignement des Beaux-Arts, Henry May, éditeur.

Les lampes étaient fabriquées en deux morceaux : d'une part la cuvette du récipient, d'autre part le couvercle avec l'anse. Les deux morceaux, moulés chacun séparément, étaient rapprochés, soudés et soumis au feu après avoir été enduits d'un *vernis rougeâtre* qui devait empêcher l'huile de suinter à travers les pores de l'argile (moulage n° 767, planche III).

Vases d'Arezzo. — Sur l'emplacement de toutes les villes romaines, aussi bien en Grèce, en Gaule qu'en Italie, on trouve des fragments de poteries recouvertes d'un *vernis rouge* dont l'apparence est celle de la cire à cacheter. Beaucoup de ces fragments ont des dessins en relief. Ces poteries, que sur la foi de certains auteurs on appelle souvent Samiennes, quoiqu'on n'en ait jamais trouvé de pareilles à Samos, ne sont que des contrefaçons communes et fabriquées partout d'un genre de vases célèbres dans l'antiquité, des vases d'Arezzo.

Les vases d'Arezzo sont nombreux dans les musées, et les éléments ne manquent pas pour les étudier.

Les vases d'Arezzo présentent en général des formes simples, telles que celles du gobelet et du plat.

Les reliefs qui entourent le vase ont presque toujours un caractère décoratif. Ce sont des bordures de perles et d'oves, des festons, des guirlandes de feuillages, des fruits, des animaux, des amours et quelques petites scènes de danse, de chasse, de vendange ou de combat (moulage n° 1380, planche VII).

Le style est franchement grec, si grec qu'on a peine à se figurer que ces objets aient été fabriqués au cœur de l'Italie, au pied de l'Apennin. En étudiant de près le modelé des figures, en comparant les reliefs à ceux des vases d'argent repoussé, on est convaincu, ces vases étaient façonnés dans des moules, que les poteries d'Arezzo ne sont pas autre chose que des surmoulages de vases d'argent.

Les poteries d'Arezzo sont du 1er siècle avant notre ère. La grande prospérité des ateliers locaux correspond aux cinquante dernières années de la République. Sous l'empire, la fabrication des vases à *vernis rouge* et à reliefs s'étant généralisée et propagée dans le monde romain, les contrefaçons font tort aux vraies céramiques arétines, lesquelles finissent par disparaître.

Les céramiques chinoises et japonaises offrant à l'amateur des ressources inépuisables d'éléments utiles à diverses reproductions, et en raison du cadre restreint et tout spécial de cette brochure, nous renvoyons le lecteur aux livres de M. Paléologue, *L'Art chinois,* et de M. Louis Gonse, *L'Art japonais,* tous deux édités par la Société française d'édition d'art, 7 et 11, rue Saint-Benoît.

INTRODUCTION SUR LE PROCÉDÉ

Jusqu'en 1897, aucun procédé pratique n'avait été à la disposition du public d'élite pour la reproduction des chefs-d'œuvre de la céramique ancienne et moderne. Il existait bien des peintures dites *émail,* aptes sans doute à peindre un banc ou une chaise, mais impropres à être employées sur plâtre pour obtenir des imitations donnant réellement l'illusion des *émaux* et de la faïence.

A cette époque eut lieu cette grande manifestation artistique des arts du feu au Palais du Champ-de-Mars, dont la présidence, confiée à M. Berger, était une garantie au succès de l'Exposition de la céramique.

Comme dans toutes expositions libérales accueil·lant les nouveautés hardies, une place fut laissée libre pour les imitations présentant un caractère réellement intéressant, utile et pratique, dignes de figurer à côté des chefs-d'œuvre de nos céramistes modernes.

Le procédé la « *Chrysalide* » fut le seul à remplir ces conditions, et l'on put voir exposés de nombreux spécimens de reproductions et imitations de céramiques brillantes, égyptiennes, assyriennes, grecques, étrusques et romaines, des Lucca della Robbia, des Bernard-Palissy, Delft, Pompadour, etc., tous d'une réalité saisissante.

Aussi cette exposition décida-t-elle MM. A. et H. Guillaume frères à confier à ce procédé l'émaillage à froid de leur important groupe en plâtre de l'*Amphitrite*, du sculpteur Gauquié (salon 1899), motif attractif du Grand Aquarium de Paris à l'Exposition Universelle de 1900.

De la « Chrysalide » brillante

L'émail « Chrysalide » est constiué par une pâte homogène d'une couverture immédiate, vitrifiable par oxydation à l'air libre, agent chimique à portée de tous, remplissant ici le rôle du feu.

Trois autres produits, intimement liés à l'émail, concourent à son emploi.

Ce sont :

L'Incolore,
Les Émaux de couleurs,
Le Cristal.

Le cristal joue un rôle important dans la diffusion des couleurs, et s'emploie souvent seul lorsqu'il s'agit de donner une couverte brillante et transparente.

MODE D'EMPLOI

Conseils préliminaires. — Les émaux « Chrysalide » s'emploient de la même façon que la peinture à l'huile et se mélangent entre eux. Les nuances s'éclaircissent avec de l'émail blanc. L'incolore joue le rôle de l'essence comme dans la peinture, et sert à les fluidifier tout en leur donnant plus d'éclat. Ils sèchent à l'air libre et s'appliquent avec des *pinceaux doux* (blaireau) sur TOUS LES CORPS SANS EXCEPTION, y compris les étoffes, soie, satin, velours, etc.

Avoir soin de nettoyer et essuyer, au préalable, l'objet à décorer avec un linge bien sec, afin d'enlever toute trace d'humidité, de rouille ou de graisse.

Pour les objets *poreux,* plâtre, terre cuite, biscuit, etc., bien les faire sécher.

Les objets décorés et terminés peuvent être soumis à une douce température (18°), *sans que cela soit nécessaire;* après trois jours d'application, ces émaux peuvent être lavés. Avec le temps, ils acquièrent une solidité à toute épreuve, sans perdre de leur éclat.

Observations. — Ces émaux, étant très siccatifs, doivent être versés modérément dans le godet.

Si d'un tube, sous la pression, sortait une goutte de liquide, il faudrait continuer de presser le tube jusqu'à ce que la matière opaque vienne à sortir.

L'émail contenu dans chaque tube étant très épais, il est toujours nécessaire de le diluer dans un peu d'incolore.

Pinceaux. — Après avoir terminé le travail, exprimer les pinceaux dans un linge pour leur enlever l'émail, puis les tremper dans un verre rempli d'alcool et les agiter quelques instants; les retirer et les essuyer. Sans cette précaution, ils se pétrifieraient sans chance de retour, tandis qu'en l'observant, le même pinceau peut servir pendant six mois.

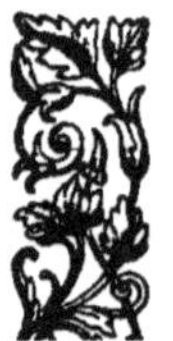

Comment on devient

ⱰERAⱮISTE

en quelques heures

~~~

Première Leçon — Pour obtenir la Faïence blanche

Première opération. — Sur tous les objets en plâtre ou poreux, les imperméabiliser avec une bonne couche d'enduit spécial et laisser sécher environ PENDANT QUATRE HEURES.

Deuxième opération. — Presser dans un godet ou vase la quantité d'émail blanc jugée suffisante pour recouvrir entièrement la pièce à décorer. Y verser environ le dixième d'incolore ; bien remuer avec le pinceau pour obtenir un mélange homogène, et procéder à
~~~

l'application de cette pâte blanche (semi-fluide) sur toute la surface du sujet, comme s'il s'agissait d'une peinture, en évitant d'empâter les finesses.

Pour obvier à cet inconvénient, qui, forcément, arrive aux débutants, il suffit de dégager, avec la pointe du pinceau imprégnée d'incolore, les parties engorgées en ramenant l'émail blanc sur les hauteurs avoisinant ces creux, — par exemple dans un œil, sur la paupière, l'arcade sourcillère, — pour le nez, sur les ailes, — pour la bouche, sur les lèvres, — dans un pli de vêtement, du creux au saillant, etc.

Troisième opération. — Sur cette couche d'émail encore fraîche, c'est-à-dire sans interruption, donner une couche générale de cristal, le pinceau fortement imprégné et passé légèrement. A cette troisième période, votre objet est faïencé. Laisser sécher à l'air libre.

Alors, à cet instant, on assiste à l'unification du travail qui, au moment de l'application, paraît tout bossueux.

La vitrification étant presque instantanée, un quart d'heure après, la main peut être passée par dessus; il reste néammoins entendu

qu'il est préférable d'attendre quelques heures
avant de le toucher. Eviter de prendre les
objets en les serrant avec les doigts avant
deux jours; autrement on risquerait fort de
les marquer.

Deuxième Leçon — Faïence de couleur

Remarque. — Se rappeler que la coloration de
ces émaux s'obtient par la superposition d'émaux
de couleurs fortement dilués dans de l'incolore et
appliqués très fluides comme de l'aquarelle un quart
d'heure après la première application fondamen-
tale et générale d'émail blanc, sauf quelques rares
exceptions.

Ceci dit, supposons opérer sur le moulage 598,
planche V (les chairs faïence blanche, les cheveux
blonds, les draperies bleu faïence, le socle brun).

Première opération. — La même que pour
la faïence blanche à la première leçon.

Deuxième opération. — La même que pour
la faïence blanche à la première leçon, et
attendre un quart d'heure.

Troisième opération. — Diluer de l'émail
bleu faïence dans de l'incolore, ce mélange
de couleur et d'incolore devant être très
fluide, l'appliquer irrégulièrement sur la dra-

perie de la robe. Opérer de même avec de l'émail sienne naturelle pour les cheveux, et de l'émail terre brune pour le socle.

Quatrième opération. — Immédiatement après la troisième, sur le tout encore frais, donner une couche générale de *cristal,* en repassant plusieurs fois avec le pinceau sur les saillants ou hauteurs.

Laisser sécher à l'air libre.

Aussitôt la transformation s'opère, les tons se mélangent, les blancs remontent, les couleurs fuient dans les creux ; un voile se forme sur la statuette, pour disparaître quelques minutes après et laisser apparaître le développement de la « Chrysalide ».

Dès cette deuxième leçon, l'amateur est lancé et peut affronter tous les genres, qui ne sont plus que des variantes de ce qu'il a fait précédemment.

NOTA. — La polychromie peut varier à l'infini, suivant le goût de l'artiste et le genre de sujets à décorer

Céramiques anciennes polychromes
à couverture vitreuse et transparente

Dans les céramiques anciennes, le procédé diffère un peu pour l'application des couleurs.

Dans les faïences égyptienne, phénicienne et cypriote, *l'enduit* et *l'émail blanc* sont supprimés.

Les couleurs appropriées au sujet et en conformité des quelques notes documentaires formant l'aperçu historique de la céramique à ces époques, sont appliquées directement et fortement diluées dans de l'enduit sur le moulage *ad hoc*.

Procéder par teintes plates, et n'employer que des couleurs de nuance bien appropriée, également mentionnées à la partie historique.

La coloration du sujet terminée, donner une et même deux couches épaisses de cristal pour obtenir la glaçure vitreuse.

Le lendemain, on lui communiquera la patine du temps au moyen d'une légère couche de bitume liquide, essuyée quelques instants après avec un linge légèrement imprégné d'essence de térébenthine.

Pour les céramiques d'autres provenances, se documenter dans des ouvrages spéciaux, ou, mieux encore, dans un musée. Prendre des notes sur la polychromie, sur la structure, et rechercher dans la palette polychromique des émaux « Chrysalide » les couleurs s'y rapportant.

Quelques Moulages tout indiqués pour recevoir une décoration polychromique à couverte vitreuse

		Planches.
845	Momies avec hiéroglyphes	III
846	— —	—
767	Lampe romaine (catacombes de Rome). .	—
111	Bas-relief égyptien.	VII
112	— —	VII
1289	Vase égyptien.	VII
1380	Vase d'Arezzo	VII
115	Boudha	I
162	—	VII

Troisième Leçon — Imitation de grand feu

On procède à ces imitations de la même façon que celle de la faïence polychrome, avec cette différence que plusieurs couleurs sont appliquées, toujours irrégulièrement, par taches, à différents endroits. Par exemple, sur la robe du moulage n° 598, planche V, par dessus le bleu, l'on mettra çà et là quelques touches de vert et de rouge ocre; sur le socle, quelques points de bleu foncé sur le brun.

La couche de cristal amènera la fusion de tous ces bariolages, et reproduira les effets du grand feu.

Mais, nous le répétons bien, il faut opérer la couche de fond (émail blanc) encore toute fraîche et appliquer la couche de cristal immédiatement après les couleurs également fraîches.

Les imitations :

de faïences **Delft,**

      Pompadour,

      Copenhague,

      Golfe Juan,

      A reflets métalliques;

de grès **flammés,**

      rouge flambés,

      grand feu,

émaux de **Limoges,**

sont obtenues sans difficulté d'après les procédés que nous venons d'énoncer précédemment ; ce n'est plus qu'une question de copie avec modèle ou documents à l'aide de la palette polychromique des émaux « Chrysalide ».

Cependant, pour les faïences à *reflets métalliques* et genre Lachenal, nous allons indiquer le procédé final.

Faïence à reflets métalliques

Pour exemple, prenons un petit vase modern style, moulage n° 1366, planche VI.

Première opération. — Couche d'enduit.

Deuxième opération. — Couche d'émail blanc.

Troisième opération. — Email bleu Sèvres et émail rouge ocre par dessus le blanc frais.

Quatrième opération. — Couche de cristal. Ce travail, régulièrement opéré comme il est indiqué au grand feu, trois minutes après, tremper un pinceau blaireau bien sec dans du bronze en poudre, cuivre mat, et le passer légèrement sur les parties auxquelles on désire communiquer des reflets métalliques.

Imitation de faïence genre Lachenal

1° Couche d'enduit ;

2° La couverte d'émail se prépare en mélangeant à l'émail blanc, de l'émail vert, de l'émail jaune et de l'émail bleu jusqu'à ce que l'on obtienne un mélange homogène d'un ton vert bleu très clair, puis faire l'application de cet émail composé, comme il est indiqué à la deuxième opération pour l'apposition de l'émail blanc dans l'imitation de faïence blanche.

Supposons avoir à opérer sur la statuette moulage n° 1124, planche VI. La couche d'émail composé étant donnée, passer de l'émail Sienne calcinée fortement dilué dans l'incolore, sur les cheveux, sur la draperie de l'émail bleu clair fortement dilué ; faire des touches excessivement légères d'émail rouge ocre aux extrémités des seins, sous les aisselles, aux ailes du nez, indiquer les sourcils et la paupière supérieure par un très léger trait brun ; légère couche de brun.

3° Donner une couche générale de cristal.

Ce genre de décoration convient mieux à des sujets moyens ou grands qu'aux tout petits.

Faïence mate Lachenâl

Décorer l'objet en faïence dans un des tons de ce céramiste distingué, et laisser sécher pendant quatre heures. Sur les endroits que l'on désire mater :

1° Faire une légère application de blanc mat viennois en le prenant avec le pinceau très peu humecté de mixtion. Laisser sécher dix minutes ;

2° Donner dans les mêmes conditions une couche de vert mat Louis XV. Laisser sécher dix minutes ;

3° De même, une couche de jaune mat viennois. Laisser sécher dix minutes ;

4° Finir avec une dernière couche de vert mat Louis XV. De cette façon, l'on obtient sur un buste, par exemple, des contrastes de faïences mates et brillantes d'un joli effet : visage mat, cheveux et draperies brillants, ou bien encore tout entièrement mat avec quelques touches brillantes en passant du cristal sur divers saillants des cheveux (moulage n° 667, planche VI.)

Les indications de couleurs n'ont rien d'absolu et peuvent être variées à l'infini ; nous avons indiqué celles de Lachenal comme étant très artistiques, mais des combinaisons tout aussi heureuses peuvent être obtenues par des superpositions ou mélanges de couleurs différentes.

Un second procédé pour obtenir des faïences mates, consiste à poncer avec de la ponce en poudre, l'émail tout fraîchement appliqué. L'opération s'effectue par un mouvement de rotation en passant et frottant légèrement l'extrémité de l'annulaire constamment chargé de ponce en poudre, sur les parties d'émail que l'on désire mater.

Nous nous répétons : l'émail doit être encore frais, c'est-à-dire non séché et à l'état de pâte fraiche. Les parties planes et les saillants seuls apparaissent mats, les creux restent brillants.

Reproduction et imitation de
Bernard Palissy

Ces moulages étant répandus dans le commerce, il est donc facile de se les procurer et de les reproduire exactement comme les originaux en se servant des émaux de couleurs appropriées et en procédant de la façon suivante :

1° Appliquer une bonne couche d'enduit au moulage et laisser sécher quatre heures ;

2° Faire la décoration polychromique avec des couleurs mates dites viennoises fortement diluées dans de la mixtion mixte et appliquées directement par dessus l'enduit. Les coquillages demandent un peu d'émail blanc jauni par superposition de jaune ocre mat ;

3° Sur le tout encore frais, passer à plusieurs reprises une bonne couche de *cristal* en insistant avec le pinceau, de préférence aux saillants. Ne pas craindre de promener son pinceau en tout sens ; au contraire, ce moyen provoque des effets heureux.

Faïence Luca della Robbia

Les terres authentiques du sculpteur florentin Luca della Robbia, le Palissy de l'Italie, ne varient guère comme sujet. *La Nativité, La Vierge en adoration, Le couronnement de la Vierge*, sont à peu près les seules scènes reproduites.

D'un aspect uniforme, ces groupes en émail blanc ressortent sur un fond bleu avec des auréoles de couleur fauve pour simuler l'or. Auguste della Robbia, son frère et son élève, est l'auteur de trois bas-reliefs, douze figures allégoriques et quatre statues de la façade de la confrérie de Saint-Bernardin, à Pérouse.

André della Robbia, neveu des précédents, sut, avec un égal succès, mettre en œuvre la terre cuite émaillée. Le musée du Louvre possède de cet artiste *La Vierge adorant Jésus,* une *Tête de sainte Anne,* fragment, et *Le Christ guérissant les malades ;* trois de ses fils suivirent la même carrière.

Leur reproduction

Ces chefs-d'œuvre du xive siècle peuvent aujourd'hui, grâce à ce procédé, les moulages des principaux étant dans le commerce, être reproduits avec une facilité et une exactitude surprenantes. Une visite d'une heure au Musée du Louvre ou de

Cluny suffira pour s'impressionner de l'harmonie des couleurs de l'époque.

Pour ceux privés de ce plaisir, voici quelques renseignements :

Pour exemple, prenons le panneau : *Vierge en adoration*, par Luca della Robbia (moulage n° 1846, planche X).

La Vierge, l'Enfant-Jésus et les anges se font en émail blanc, le fond avec de l'émail bleu faïence, les fleurs de lys en émail blanc légèrement jaunâtre, les tiges et l'herbe sur lesquelles repose l'Enfant-Jésus en émail vert vif. Couche de cristal sur le tout.

Voici la liste des principales couleurs faïence de cette époque : blanc et bleu cendré (dominant), jaune clair vif, vert vif, brun clair, gris clair violacé.

Nous engageons vivement les amateurs de se livrer à ces imitations extrêmement artistiques, de grande valeur et d'un effet si saisissant, convaincu qu'ils nous sauront gré de les y avoir poussés.

Emaux « Chrysalide » sur terre cuite

Sur des objets en terre cuite et biscuit, procéder pour leur application de la même façon que pour le plâtre, sans omettre de donner également la première couche d'enduit.

Emaux « Chrysalide » sur la porcelaine

Pour émailler une assiette, par exemple :

1° Tracer son dessin au crayon lithographique ;

2° Cette esquisse, la peindre tout en émail blanc ; à ce moment le croquis apparaît légèrement en relief ;

3° Donner les différentes tonalités avec les émaux de couleur fortement dilués dans l'incolore, et appliqués par dessus l'émail blanc, comme si l'on travaillait avec de l'aquarelle ;

4° Terminer en passant une légère couche de cristal.

L'enduit sera supprimé, la porcelaine étant non poreuse.

Emaux « Chrysalide » sur verre

en transparence ou en opacité

Pour le tracé, le plus simple est de poser le modèle à copier sous le verre et de calquer.

1° Employer les couleurs mates, dites viennoises, diluées dans de la mixtion et appliquées directement sur le verre comme s'il s'agissait de faire une aquarelle.

2° Sur toutes les parties enduites de couleurs, passer une couche épaisse de cristal. Laisser sécher. De cette façon, l'on obtiendra de très jolis vitraux transparents, résistant aux lavages.

Si l'on désirait des vitraux opaques, la première couche de fond devrait être en émail blanc.

Emaux « Chrysalide » sur bois

Leur application sur bois s'exécute à la façon de la peinture à l'huile.

1° Au préalable, bien poncer à la ponce, ou du papier de verre triple zéro, la ou les parties à décorer, et bien enlever la poussière ;

2° Boucher les pores du bois en l'imperméabilisant avec une *bonne couche d'enduit ;*

3° Faire le tracé du dessin ;

4° Recouvrir ce tracé d'une couche d'émail blanc ;

5° Procéder à l'application des couleurs comme si l'on faisait de l'aquarelle ;

6° Couche final de cristal.

Observations. — Si l'on désirait une teinte plate et unie, incorporer de la couleur dans l'émail blanc jusqu'à l'obtention de la teinte voulue.

Les petits meubles de salons, de vitrines et de vannerie artistique peuvent être véritablement laqués d'une façon délicieuse avec ces émaux, qui ne rappellent en rien ce que l'on obtient avec les peintures grasses vernissées, très longues à sécher par suite des couches nombreuses à donner.

Vernis Martin

Après avoir imperméabilisé le bois
avec une couche d'enduit

Un procédé, d'un effet charmant, imitant à s'y méprendre le vernis Martin, consiste à peindre un sujet approprié sur ce bois avec les couleurs mates diluées dans la mixtion, et à saupoudrer très finement aux endroits propices de la poudre de bronze or vif (les couleurs étant fraîches), puis laisser sécher vingt minutes et donner une bonne couche de cristal.

Quelques Moulages aptes à être transformés en faïences pour imiter avec la « Chrysalide » brillante les Lucca della Robbia, les Bernard Palissy, Golfe Juan, à reflets métalliques, Lachenal, Grès flammés, Grès grand feu, etc.

Planches.

1339 Vierge de Nevers V
1346 Vierge en adoration, Luca della Robbia.
1344   —   —   —   —
1350 Vénus à sa toilette VIII
1382 Grand bas-relief, La Nativité, Luca della
      Robbia . . . .
1383 Vierge, par Luca della Robbia. . . . . .
 598 Hébé. V
1020 Plat Bernard Palissy . . . .
      Tous les moulages de la planche. . . . VI
1370 Vase moderne ancien hors texte. . . . II
 244 Cache-pot, hors texte II
 665 Jeanne d'Arc V

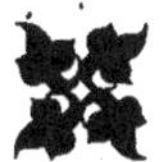

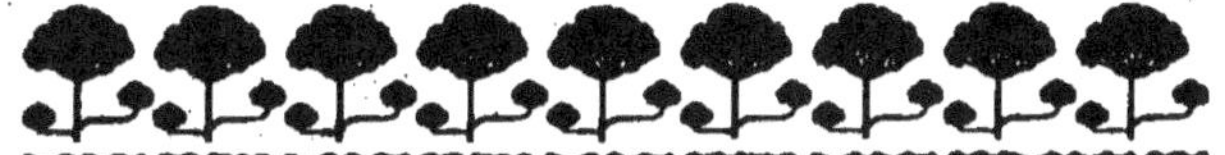

TROISIÈME PARTIE

DÉCORATIONS MATES

POLYCHROMES, GENRE VIENNOIS

Avec les couleurs molles dites Viennoises

Ce genre de décoration, très à la mode depuis quelques années, consiste à obtenir sur plâtre ou terre cuite des tons absolument mats, procédé un peu aride, mais que l'on ne doit pas craindre d'entreprendre, surtout après avoir pratiqué tous les genres de transformations précédents, l'obtention des vieux bois peints ayant beaucoup d'analogie avec.

Les produits employés sont : l'**enduit**, la **mixtion** et les **couleurs mates viennoises**.

1º La couche de fond se fait avec un **enduit spécial brun** à l'aide d'un pinceau.

2º L'application des couleurs s'opère légèrement diluées dans la **mixtion** qui sert de fixatif.

Les pinceaux à employer sont des pinceaux dits **brosses douces**.

Les couleurs se mélangent entre elles avec une légère addition de mixtion.

MODE D'EMPLOI

Première opération. — Imperméabiliser le sujet avec de l'enduit brun à l'aide d'un pinceau ferme. Laisser sécher une demi-heure.

Deuxième opération. — Disposer sur une palette ou mieux sur une plaque de marbre, par petits paquets gros comme un pois, les différentes couleurs jugées nécessaires et exprimées des tubes. Le blanc y sera déposé en bien plus grande quantité (gros comme une noisette). Verser quelques gouttes de mixtion sur une partie de ce marbre et l'étendre avec le pinceau dit brosse, qui, de ce fait, se trouvera légèrement imprégné de mixtion. Ainsi humecté, le passer sur la couleur molle appropriée à la teinte que l'on désire obtenir, soit directement ou par mélange sur la palette ou marbre à l'instar de la peinture à l'huile. Essorer son pinceau sur une partie sèche du marbre jusqu'à ce qu'il redevienne presque sec. Cette condition est essentielle à la réussite aussi insistons-nous pour qu'on l'observe ; le pinceau doit être si peu imprégné que passé sur une feuille de papier c'est tout juste s'il doit la teinter.

A ce moment, procéder à l'application de la couleur sur le sujet en imprimant au pinceau un mouvement de va-et-vient dans tous les sens, en évitant d'atteindre les creux. Répéter cette opération autant de fois qu'il est nécessaire avec les couleurs de teintes *ad hoc*.

Il est indispensable d'attendre toujours au moins dix à quinze minutes entre l'application de chaque couche.

Lorsque le sujet est terminé, une heure après, y passer une légère couche générale d'encaustique.

Bien se rappeler que les effets de tons fondus s'obtiennent par superpositions de couches légères et transparentes de teintes différentes.

Exemple : sur le moulage *Buste de négresse,* nº 870, planche hors texte III.

1º Couche d'enduit brun ; laisser sécher une demi-heure.

Sur la palette, disposer les couleurs viennoises mates suivantes : ombre brulée, Sienne brulée, Sienne naturelle, rouge Venise, vermillon français, blanc de Chine, bleu foncé, jaune d'or et vert clair.

Verser quelques gouttes de mixtion à renouveler au fur et à mesure.

2° Sur les chairs, couche d'ombre brulée,
de Sienne brûlée, frottis clairs avec de la
Sienne naturelle;

3° Manteau, couche de Sienne naturelle,
couche de rouge de Venise, légers frottis sur
les plis, avec vermillon français;

4° Turban, deux couches de blanc, rayures
bleues, jaunes et vertes;

5° Franges de turban, vert, pointe de blanc
sur les côtés des prunelles, légers frottis de
rouge français sur les lèvres;

6° Revenir avec du noir sur les cheveux et
les sourcils;

7° Le tout étant bien sec, une heure après,
donner une légère couche générale de vernis
conservateur, suivie, cinq minutes après, d'une
couche de bitume très clair à l'essence;
essuyer les saillants avec un linge imbibé
d'essence de térébenthine;

8° Terminer par une couche d'encaustique;
ne pas frotter.

Remarque. — Pour obtenir des tons de
chairs mates très clairs comme enduit de
fond, il faut remplacer l'enduit brun par de la
« Chrysalide » terre cuite claire.

L'expérience et le goût permettront à l'amateur de varier à l'infini ces tonalités et d'obtenir des effets charmants.

*Quelques Moulages aptes à être décorés
en genre viennois*

		Planches.
	Tous les moulages de la planche VI.	
205	Cyrano de Bergerac	V
469	Femme Empire, hors texte.	I
243	Console Hercule.	V
152	Enfant jouant avec un chien	V
2	Après le bal, hors texte.	I
442	Femme couchée, hors texte.	I
156	Bonbonnière, hors texte	III
831	Marquisette, —	I
854	Mignon, —	I
472	Frileuse, —	I
667	Ingénue, —	I
1029	Pureté, —	III
554	Groupe, —	III
878	Négresse, —	III
1027	Pendulette, —	III

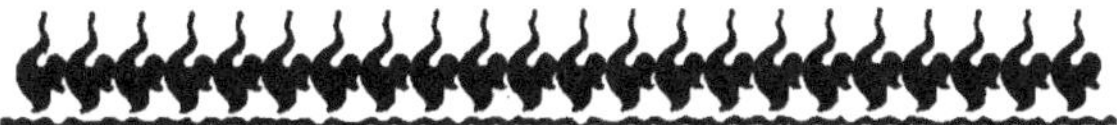

LE MODERN STYLE

DANS LA MAISON

En indiquant une série d'œuvres plastiques conçues dans le goût de l'art nouveau, nous mettons le lecteur au contact du cycle d'évolution artistique de notre époque.

La sculpture, l'architecture, l'ameublement sous la poussée nouvelle ont accepté la conception hardie de forme et de coloris de ce style nouveau, empruntant pour la décoration de ses modèles toutes les branches de la céramique, grès, faïence, émaux, grand feu etc., faites de teintes indécises, d'une association si douce pour notre *home modern* que chacun aujourd'hui se plaît à transformer et à embellir. D'autant plus que chaque œuvre, en cela inhérente au style, possède une utilité pratique, tel un cache-pot, un porte-fleurs, un porte-bouquet, un porte-cartes, un vide-poche, un bougeoir, une garniture de cheminée (moulage n° 473, hors texte I), une pendulette (moulage n° 1072, hors texte III).

Les animaux sinon fantastiques, du moins modernisés originalement, les entrelacs compliqués, rappellent par leur composition l'époque byzantine si féconde en luxe et en art.

Procédés pour la Décoration

Que dire des procédés de décoration à employer? Qu'ils le sont à peu près tous : *étains, faïence, grès, émaux, mat viennois,* sont indiqués plus spécialement. En ce cas, se reporter à ces divers chapitres.

Toutefois, dans les transformations en faïence, se tenir dans les tons clairs, gris, verdâtre, violacé, bleu, vert, rouge cérame, reflets métalliques. Même observation pour la décoration mate genre viennois.

Art et Décoration

Le lecteur pourra consulter utilement pour ce genre modern style, le journal *Art et Décoration,* revue mensuelle d'art moderne, 13, rue Lafayette, Paris.

Comité de direction : MM. Vaudremer, Grasset, Jean-Paul Laurens, Cazin, Fremiet, Roty, Lucien Magne, Léonce Bénédite, Roger Marx, Dampt ; secrétaire de la rédaction : Gustave Soulier.

Séries d'Œuvres moulées en plâtre, genre Art nouveau,
. faciles à se procurer

Planches.

244 Cache-pot, Femme au lys, modern style,
    hors texte . . . . :   II
153 Bénitier modern style, hors texte.   V
383 Encrier   —   —   VI
440 Femme au coquillage, modern style, hors
    texte   I
444 Femme à l'Iris, bougeoir modern style,
    hors texte   II
156 Bonbonnière, Les Dragées, modern style,
    hors texte . . . . \ . .   III
372 Suzanne au bain, encrier modern style.   VI
384 La pensée, encrier mod. style, hors texte   II
443 Femme à la tulipe,   —   —   II
151 Feuille morte   —   —   VI
465 Femme à la capucine, bougeoir modern
    style, hors texte   VI
467 Jeune adolescent à la rose, bougeoir mod.
    style, hors texte   II
999 L'eau et le feu, porte-allumettes modern
    style, hors texte   VI
1026 Porte-photographie mod. style, hors texte   II
1025 Porte-fleurs, L'Abandon, modern style,
    hors texte   II
1369 Vase, Le Baiser maternel, modern style,
    hors texte   I
1004 Porte-cartes modern style   VI
1124 Regrets, modern style, hors texte. . . .   I
1326 Veilleuse, La Tentation, modern style   VI
1332 Vase Libellule, modern style, hors texte   II
1360 Vase à bec, Le Rêve, —   —   II
1366 Vase femme formant anse, La Curiosité,
    modern style, hors texte.   III
1367 Vide-poche cyranesque, modern style. .   VI

554 Groupe, vide-poche, Le Pardon, modern style, hors texte   III

1370 Vase modern-ancien, modern style, hors texte.   II

1027 Pendulette, La Fuite des heures, modern style, hors texte   III

1029 Pureté, encrier modern style, hors texte.   III

551 L'Aurore, jardinière modern style, hors texte.   IV

552 La Nuit, vide-poche modern style, hors texte.   IV

553 Le Jour, vide-poche modern style, hors texte.   IV

543 La Vague, jardinière modern style, hors texte.   IV

544 Faunes, porte-fleurs modern style, hors texte.   IV

152 Enfant jouant avec un chien, coffret modern style.   V

Société Populaire

DES

BEAUX-ARTS

13, rue Grange-Batelière, Paris

~~~~

But. — La Société poursuit un double but :

1° Encourager les jeunes artistes par des achats et des commandes ;

2° Répandre le goût des Beaux-Arts en tirant entre les Sociétaires les œuvres acquises, en donnant à chaque Sociétaire une gravure exécutée spécialement pour la Société, en organisant des conférences artistiques avec projections, en prêtant son concours aux conférences et expositions organisées dans la France entière par les sections de la Société.

Organisation. — L'adhésion pour une part coûte 5 francs par an. On peut souscrire plusieurs parts, chacune donnant droit à un numéro pour le tirage au sort. Chaque adhérent a droit à une gravure, et reçoit une invitation à toutes les conférences organisées par la Société.
~~~~

Le souscripteur de 4 parts reçoit une épreuve de remarque de la gravure.

On peut racheter la cotisation de 5 francs par un versement unique de 100 francs, qui donne le titre de membre fondateur recevant chaque année une épreuve de remarque.

Administration. — La Société est dirigée par un comité de 39 membres qui élit son Bureau. Elle est sous le patronage d'un comité dont ci-après la composition.

La commission d'achats est formée : 1° du bureau ; 2° de 10 membres nommés dans le comité de direction ; 3° de 10 membres nommés dans le comité de patronage.

Comité de direction. — *Président,* M. Benoit-Lévy, O. I. ✿, avocat à la Cour d'appel de Paris. — *Vice-Présidents,* M. Allouard, ✿. sculpteur ; M. Maurou, ✿, artiste lithographe ; M. Petitjean, ✿, peintre. — *Secrétaire général,* M. de Saint-Mesmin, ✿, homme de lettres. — *Secrétaire adjoint,* M. Debon, O. I. ✿, peintre. — *Trésorier,* M. Robert, ✿, attaché au service des Monuments historiques.

Comité de patronage. — *Président,* M. Léon Bourgeois, O. ✿, député, ancien ministre, ancien président du Conseil. — *Président d'ho nneur* M. le Ministre de l'Instruction publique et des Beaux-Arts. — *Vice-Présidents,* M. Bonnat, C. ✿, membre de l'Institut ; M. Poincarré, ancien ministre, vice-président de la Chambre des députés ; M. Puvis de Chavannes, O. ✿, président de la Société nationale des Beaux-Arts.

Tirage au sort. — Le tirage au sort a lieu le 3° dimanche du mois de janvier qui suit l'exercice. Tous les gagnants sont avisés par lettre.

La Paie des Moissonneurs

Tableau de Lhermitte

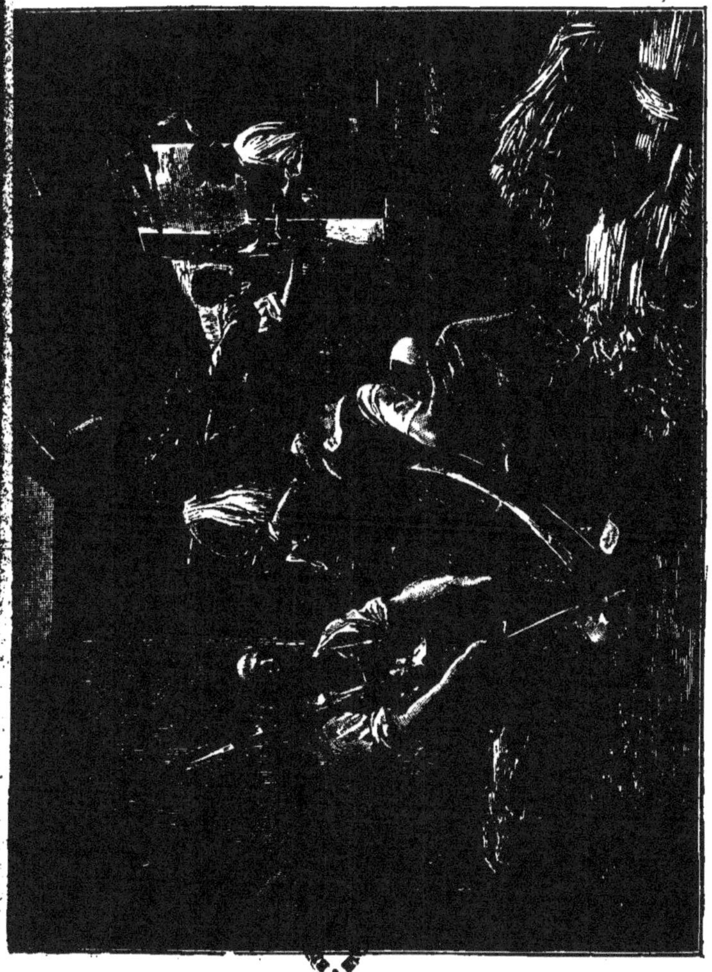

Gravure à l'eau-forte exécutée pour la Société par M. Boilot

Table des Matières

	Pages
Introduction.	5
Du choix d'un moulage	12
De l'origine du sujet à reproduire	13
Du choix de la patine	14
De la « **Chrysalide** »	15

PREMIÈRE PARTIE

Imitation de **vieux bois** (partie historique)	17
Procédé et application	19
Imitation de **bois clair**.	21
Indication de quelques moulages.	21
Imitation d'**ivoires** (partie historique).	25
Procédé et application	29
Ivoire ancien	30
Indication de quelques moulages.	31
Imitation de **bronzes** (partie historique)	35
— — **antiques**	41
Indication de quelques moulages.	52
Imitation de **bronze vert oxydé**	43
— **bronze vert foncé**.	44
Indication de quelques moulages.	45
Bronzes composés, imitation de **bronze Barbe-dienne**.	46
Imitation de bronzes, **ciré, florentin, caillou, anciens**	49
Imitation de bronzes **moderne Barye**.	50
— — **polychrome**	51
Indication de quelques moulages.	52
Imitation d'**étain**.	55
— de **vieil argent**.	56
Indication de quelques moulages.	56
Imitation de **vieux fers**	59
Indication de quelques moulages.	62
Tanagra (partie historique).	63
Leur imitation, procédés	67
Imitation de **terre cuite d'art**	70
Vieille pierre (partie historique)	71
Imitation et procédé.	76
Indication de quelques moulages.	78
Imitation de **granit**.	78
Indication de quelques moulages.	83
Marbres anciens (partie historique)	83
Imitation et procédés.	87
Imitation de **marbres polychromés**	88
— **marbres statuaires**.	88
— **marbres de couleurs**	89
Indication de quelques moulages.	90
Des vieux bois peints (partie historique)	91
Imitation et procédés.	93

Pages

Indication de quelques moulages. 95
Imitation de **vieilles dorures** 96
Renseignements complémentaires sur la « **Chry-salide** » 96

DEUXIÈME PARTIE

Procédés pour imiter les céramiques brillantes
(partie historique). 99
Introduction sur le procédé. 106
De la « **Chrysalide** », mode d'emploi. 108
Comment on devient céramiste, **première leçon** . 111
Deuxième leçon, faïence de couleur 113
Céramiques anciennes polychromées 115
Indication de quelques moulages. 116
Troisième leçon, grand feu 116
Delft, Pompadour, Copenhague, Golfe Juan, à re-
flets métalliques, grès flambés, . rouge flambés
Limoges 117
Faïence, genre Lachenal 118
— — mate. 119
— Bernard Palissy 121
— Lucca della Robbia 122
Emaux « Chrysalide » sur terre cuite 123
— — sur porcelaine 124
— — sur verre 124
— — sur bois 125
Vernis Martin 126
Indication de quelques moulages 127

TROISIÈME PARTIE

Décorations mates genre viennois 129
Le **modern style** dans la maison 135
Art et décoration (journal). 136
Indication de quelques moulages. 137
Société populaire des Beaux-Arts 139
La Paie des Moisonneurs (tableau de Lhermitte) . 141

TABLE DES PLANCHES

Planche I 23
— III 33
— III 39
— IV 47
— V 53
— VI 57
— VII 65
— VIII 79

HORS TEXTE

Planches I, II, III et IV, à la fin de l'ouvrage.

Imprimerie des Beaux-Arts, 36, rue de Seine, Paris.

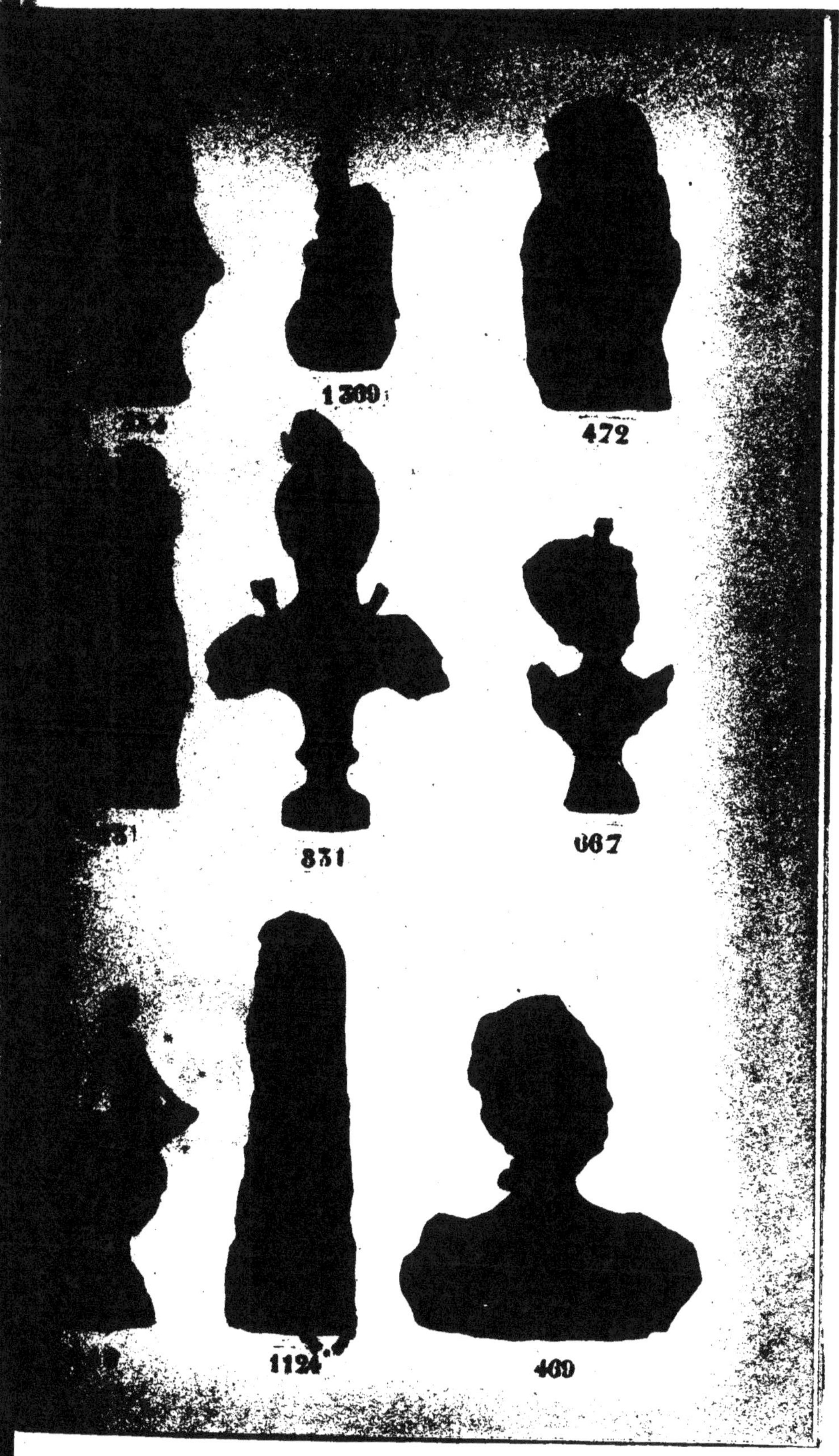
1309
472
831
667
1124
460

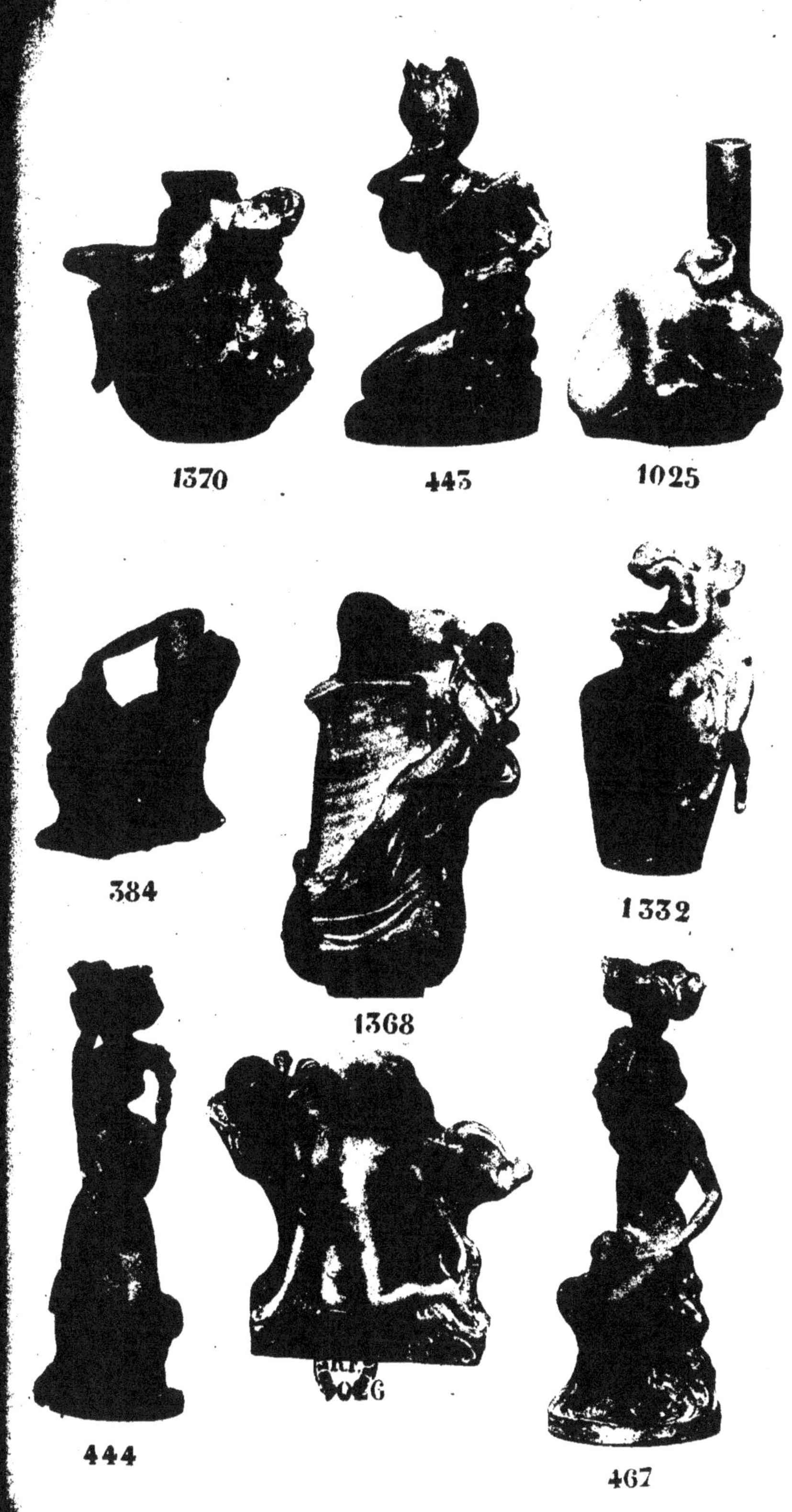

1370
443
1025
384
1332
1368
444
467

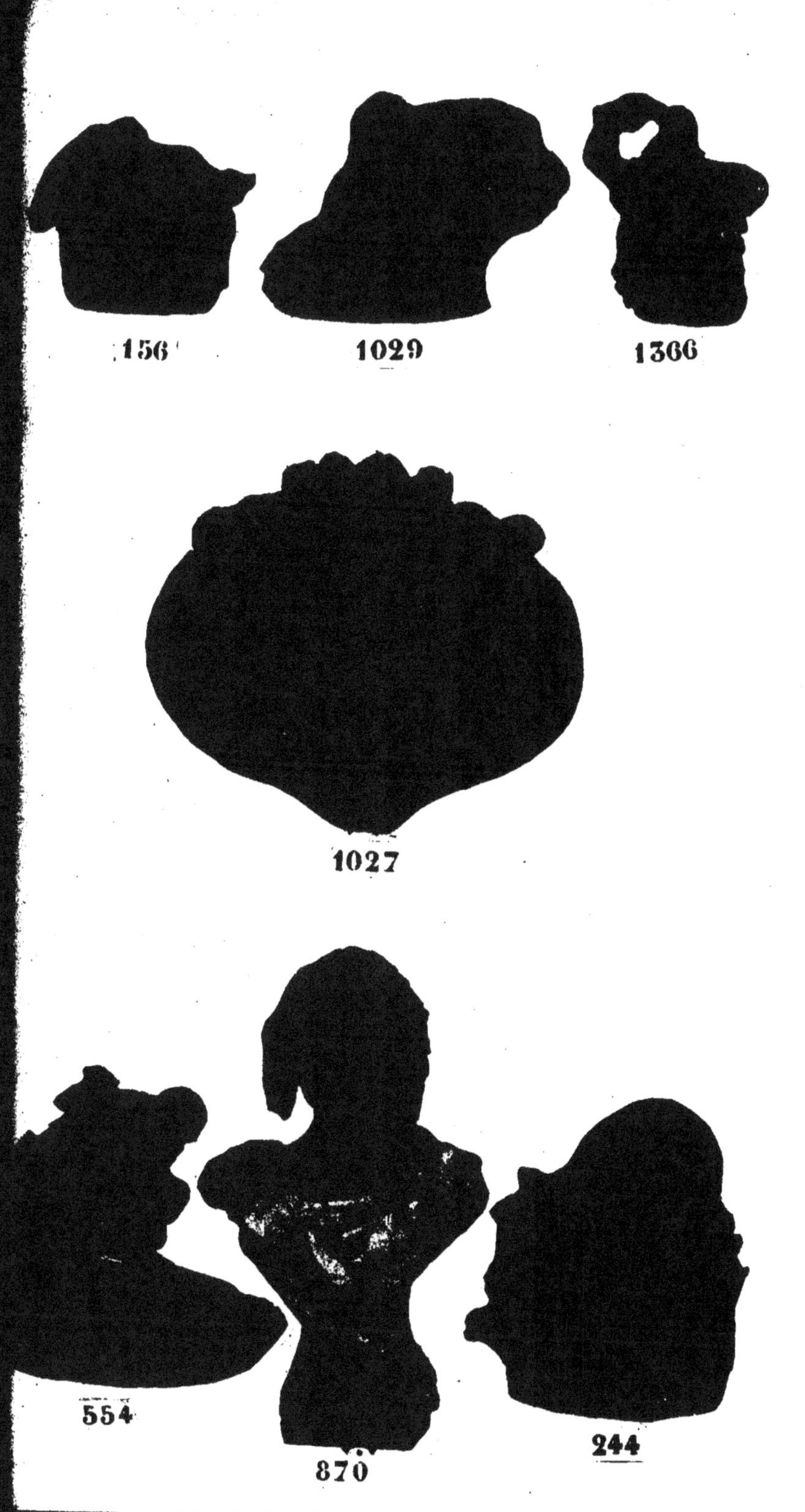
156
1029
1366
1027
554
870
244

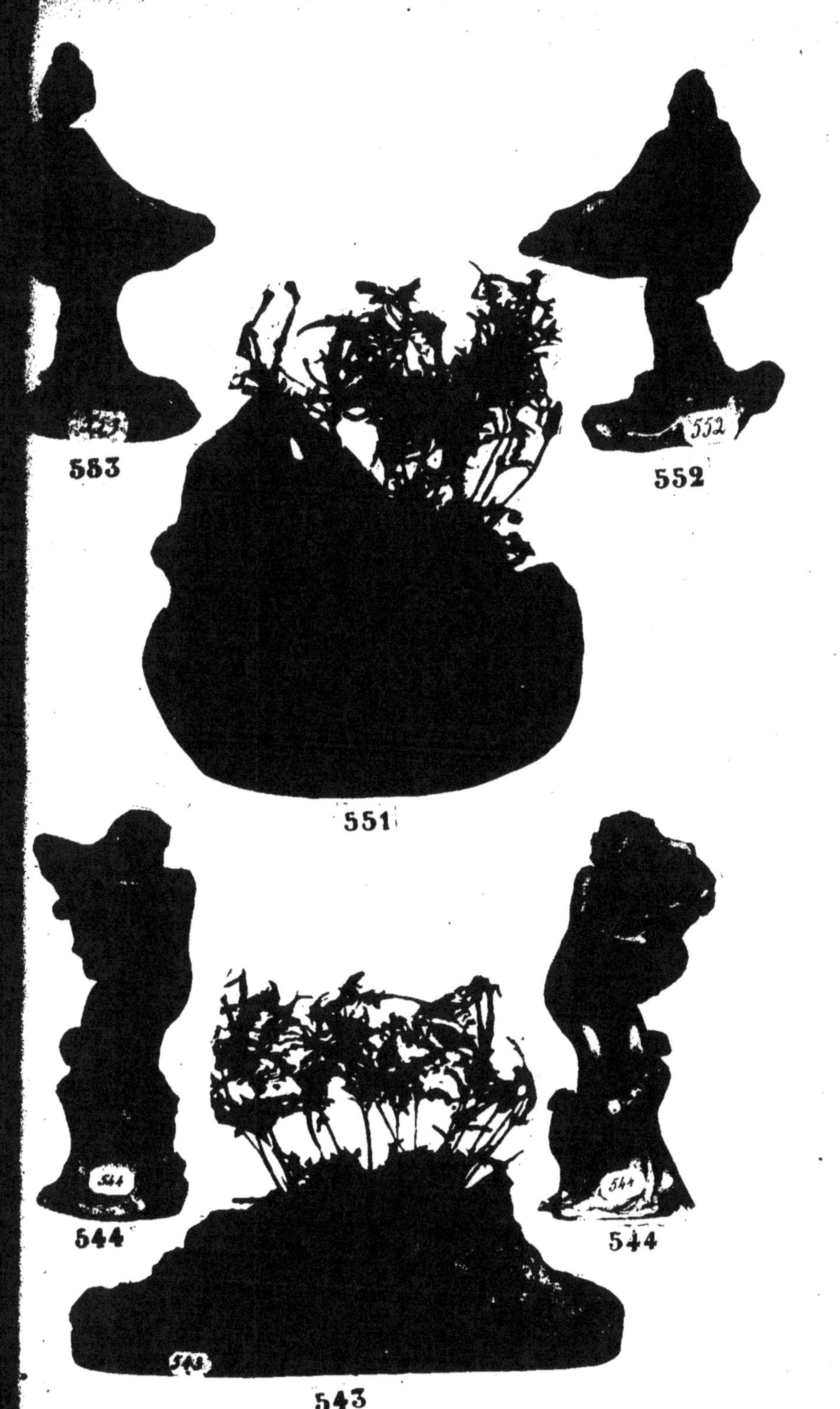
553
552
551
544
544
543